米中新冷戦の正体

脱中国で日本再生

元駐ウクライナ大使
馬渕睦夫
×
ノンフィクション作家
河添恵子

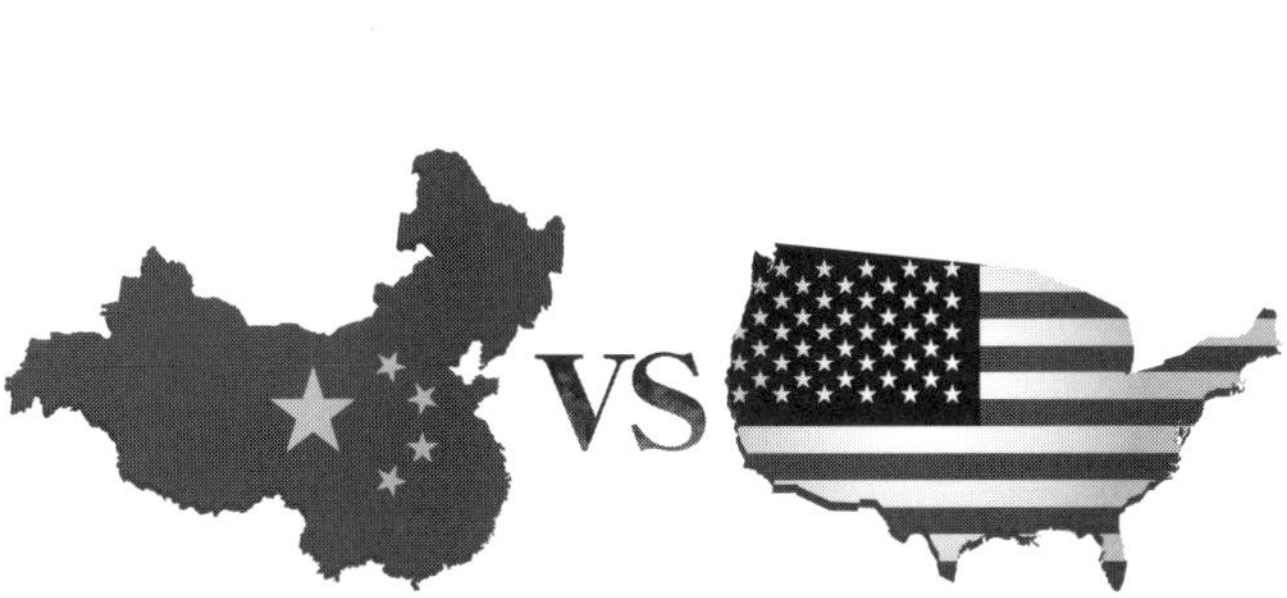

ワニブックス

はじめに

米中貿易摩擦の報道に明け暮れている今日《こんにち》、「林原チャンネル」の御縁から気鋭のチャイナ・ウォッチャーの1人であり、またノンフィクション作家としてご活躍中の河添恵子氏と対談する機会を得ました。詳しくは本書を読んでいただきたいのですが、米中貿易摩擦は単なるアメリカの対中貿易赤字削減云々といった表面上の問題ではなく、実は「米中新冷戦」とも言いうる世界の覇権《はけん》をめぐる戦いの象徴であることを理解する必要があります。その理由は、トランプ大統領の出現によって世界が100年に1度の大地殻変動期に突入したからです。

100年に1度の大変革とは1917年のロシア革命以来今日まで続いてきた世界の基本構造が、今大きく崩れようとしていることです。ロシア革命が齎《もたら》した世界秩序とは、世界を統一するという壮大な計画です。かつては共産主義革命によって世界の統一を図るべく暗躍した勢力が、東西冷戦終了後はグローバリズムのもとに世界各国をグローバル市場に組み込むことで、一つの世界を実現しようと画策してきたわけです。河添氏と私は、この勢力がアメリカやイギリスの国際金融資本家たちであることを、確認し合いました。

ソ連に勤務した経験などから、私はロシア革命から東西冷戦期にかけての米ソ協力関係が、これら国際金融勢力の世界戦略に従って推進されてきたことを指摘しました。一方、改革開放後の中国とアメリカとの緊密な関係も、実は米ソ協力関係と同じ構図のもとで進められてきた実態を、河添氏が様々な資料を駆使して実証してくださいました。本書を読まれた読者の方々には、米中蜜月とはウォール街と中国共産党エリートとの結びつきであったことに気づいていただけると思います。

つまり、米ソ冷戦時代にウォール街を中心とする国際金融資本家たちが、あえてソ連に原爆を含む数々の先端技術情報を提供してソ連の発展を支援してきたのと同じ密かな協力関係が、昨今の米中関係にも存在していたのです。アメリカ政府を牛耳《ぎゅうじ》ってきた国際金融資本家、現在の流行《はや》りで言えばディープステートが中国の経済発展を陰から支援していたというわけです。この風景は、戦前にルーズベルト政権が毛沢東に武器援助などを行っていた姿とダブって見えます。本書の中でズバリ指摘していますが、中華人民共和国を創ったのはアメリカのディープステートなのです。

ところが、習近平政権になってから、中国がアメリカの覇権に正面から挑戦するようになりました。中国の経済発展を支援してくれたアメリカに牙を剥《む》いたのです。まさしく、恩知らずの裏切りです。これにより、さすがの国際金融資本家たちも中国を見限ることになりました。

これが今日の「米中新冷戦」の正体を解く1つの鍵なのです。

もう一つの鍵は、「アメリカ・ファースト、各国ファースト」を信条とするトランプ大統領がグローバリズムを拒否して、ディープステートと対決していることです。そのトランプ氏は中国共産党による米国製技術の窃取や人権弾圧を糾弾《きゅうだん》して中国を追い詰め始めました。かくして、アメリカは超党派で中国共産党政権潰しを開始したというわけです。

このような米中新冷戦関係の中で、我が国が取るべき選択は火を見るよりも明らかです。中国共産党独裁政権の延命に手を貸すような関与策を改め、トランプ政権と共に自由で開かれた主権国家が共存できる国際社会の実現に向け努力すべきです。これは同時に、ディープステートのグローバリズムとも一線を画すことになります。対談において、これこそ我が国が自立を達成する道であることを強調しました。しかし、この期に及んでまだ、大国中国を刺激するのは得策でないとか、日中貿易が減退すれば損をするのは日本だとか、私たちを心理的に脅迫する宣伝工作がメディア、政治家、知識人などの間で依然として幅を利かせています。本書がこのような洗脳に惑わされずに脱中国を達成する上で、何らかの参考になれば幸いに思います。

令和元年6月吉日

馬渕睦夫

序章

100年に1度の地殻変動 揺らぎ始めた「ロシア革命」の秩序

第1章

トランプ大統領の思想的背景と〝赤狩り〟

第2章

ディープステート「影の国家」を紐解く

第3章
アメリカ左派と中国共産党の蜜月と転機

第4章

リアルに存在するスパイと無防備な日本

第5章 アジアを動かす米英中の野望とロシア

第6章

越えてはならない一線を越えた中国

第7章

5G覇権戦争 サイバー空間が米中の主戦場

おわりに ●河添恵子

252

※敬称につきましては、一部省略しています。役職は当時のものです。
※写真にクレジットがないものは、パブリックドメインです。

序章

100年に1度の地殻変動 揺らぎ始めた「ロシア革命」の秩序

ロシア革命はユダヤ革命

馬渕：私が見る限り、世界はすでに、１００年に1度の大きな地殻変動が起こっています。それはどういうことかと言うと、１９１７年に起こったロシア革命以降、今まで１００年間揺るがなかった世界秩序が、まさに揺らぎ始めた。と言うより、もうすでに揺らいでしまっているんです。

世界が新しい秩序になっていくプロセスと言いますか、その調整過程でいろいろな紛争が生じている。一言で言えば、そういう状況だと思います。ロシア革命なんて過去の出来事だろうと思っている方も多いようですが、とんでもないことです。

河添：今日《こんにち》まで、その流れは続いてきましたね。私がロシア革命を意識するようになったのは、１９８９年11月にベルリンの壁が崩壊し、１９９１年12月にソビエト連邦が崩壊し、ロシア共和国ほか各連邦構成共和国が主権国家として独立した、その頃からです。

それ以前から私は中国に留学していたので、コミンテルン（共産主義インターナショナル）の残党たちと、その思想的なＤＮＡの主舞台がどこへ移行したのか、自身の視点で注視するようになりました。

彼らは、1つは国連に流れました。そしてもう1つは、「改革開放」や「社会主義市場経済」といったスローガンで〝化け〟て、日本はじめ先進国から投資をじゃぶじゃぶ受け入れ、「反共」だった華僑《かきょう》華人《かじん》すら抱き込み、勢力拡大を続けてきた中国共産党政府、すなわち「北京テルン」となりました。

馬渕：過去100年の世界秩序を決めてきたのは、結局、「ロシア革命の精神」と言うか、ロシア革命がもたらした秩序なんですね。

ロシア革命は共産主義革命と教科書で習いますが、共産主義、すなわちコミュニズムが目指すのは世界同時革命です。この思想に、日本も戦前から東西冷戦期にかけて相当やられました。

これから別の章でじっくりお話ししますが、コミュニズムはユダヤ系左派の思想です。簡潔に言えば「世界を1つにする」という思想で、この「ワンワールド秩序」を目指す思想は、その時々で呼び名が変わります。冷戦終了後は、「グローバリズム」となりました。コミュニズムもグローバリズムも、「世界の統一」を追求している点では同じなんです。

河添：昭和40年代の子どもの頃のことですが、ステートレス（stateless）という表現を耳にしたことがあります。イギリスあたりの反逆的なロックミュージシャンの歌のタイトルか歌詞から知った英語でしたが、国家のアイデンティティを持たない、持つべき国家がない人たちを指し示す表現だったように思います。
ボーダレス（borderless）という単語もよく耳にしたのですが、その先がグローバル（global）という用語に化けたのかなと思っていました。

馬渕：1913年に連邦準備制度理事会（Federal Reserve Board：FRB／アメリカの中央銀行制度の最高意思決定機関）が創設されました。大枠がユダヤ系左派なのですが、英米の金融資本家たちが株主になりました。お金という性格上、国境は不要ですから彼らはまさにボーダレス、グローバリストということになりますね。
グローバリズムは実際、資本主義の用語として使われています。それもあってグローバリズムとコミュニズムは相容《あいい》れないもの、資本主義と共産主義は対立するものだと思われている方が多いようですが根は同じなんです。それがわからないと、今の世界情勢を正しく理解することができません。

河添：中国共産党政権と世界にちらばる華僑華人を冷静に分析しても、それはよくわかります。華僑華人はおしなべてそうですが、ステートレス、ボーダレス。特に客家《はっか》系の生き様はユダヤ系左派と瓜二つと言ってもいいでしょう。アジア諸国で政治家になったり、銀行業を営んでいます。
そして、鄧小平《とうしょうへい》の改革開放政策以降の中国政府の戦略は資本主義の最たるもの、すなわちグローバリズムそのものです。

それと、また私の小学生時代の話ですが、「世界中のお友達と会話ができます。地球言語、エスペラント語を一緒に学びませんか?」といったキャッチが記されたポスターが近所に貼られていたことを覚えています。エスペラント語を耳で聞いた時、ラテン語みたいな外国語かな? と思った記憶がありますが、それもコミンテルンの1つの手段だったようです。

馬渕：エスペラント語はポーランド系ユダヤ人のラザーロ・ルドヴィゴ・ザメンホフが創造した人造語です。世界共通語運動はワンワールド工作の一環であり、いかにも国家の概念を持たないユダヤ系左派の発想ですね。

ラザーロ・ルドヴィゴ・ザメンホフ

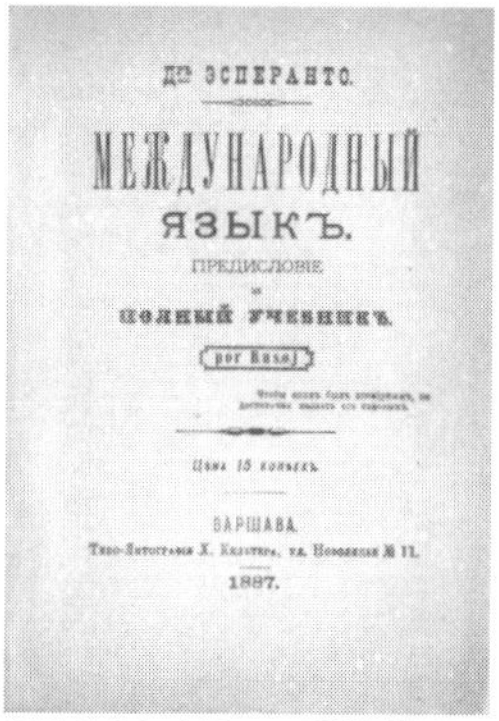

エスペラントについての最初の本『Unua Libro』

河添：20世紀、共産主義の主たる国であるソ連はスラブ語圏、そして中国です。ラテン語っぽい新言語で統一する戦略には無理があるというか、これればかりは企画倒れだったようですね。

中国はこの半世紀ほど、世界に中国語を広めることに必死でしたが、中国語は、所詮は漢字しか筆記方法がない、不自由かつ汎用性がない言語です。世界にちらばった華僑華人の子孫は、ダブルスクールで読み書きを学んだりしていますが、英語のように世界中に浸透させることは不可能でしょうね。それだけでも、「中国が世界一になる世界は来ない」と、私は思っているわけです。

ユダヤ系左派が革命家

馬渕：河添さんがご専門だけど、表向きにしろ中国がなぜこれほど経済発展したのかについては、結局、ロシア革命とグローバリズムの根が1つであることを理解しなくてはなりません。ソ連が崩壊して東西冷戦が終わり、世界がどうなったかを見てみると、ロシアの場合はグローバリスト、すなわちロシア革命を背後で支援した国際金融資本家たち、ディープステートがロシアを急激に民営化させて、その富を奪おうと考えたわけです。中国共産党政権も当時、潰される危険にあったのですが彼らはそうしなかった。ソ連は潰したのに。

河添：1992年の旧正月の時期、鄧小平は南巡講話をして「改革開放を続けます」と宣言しました。そういえば、その1カ月半前にソ連が崩壊しましたね。

馬渕：なぜこの違いが生じたか？　ゴルバチョフ時代のペレストロイカ（改革）、グラスノスチ（情報公開）以降、ソ連で起きたことを見ていけばよくわかりますよ。崩壊後のロシアは、急激な民営化により国が滅茶苦茶になったわけですが、その裏でロシアのユダヤ系財閥がロシアの天然資源を私物化しました。

河添：オリガルヒと呼ばれる新興財閥のことですね。

馬渕：そうです。ディープステートの戦略では、１９９１年末のソ連崩壊後、ロシアの広大な天然資源をいかに握り直すかにこだわったわけです。そして、共産党政権ではない民主的な体制に創り変えて天然資源を掌握《しょうあく》する筋書きへと舵を切りました。

河添：近年、馬渕大使が日本で広く知らせてきたディープステートについては、のちほどたっぷりご説明いただくことにしましょう。

馬渕：ここでは、ディープステートについての根本的なお話だけしましょう。この基礎を作ったのは実はウラジーミル・レーニンというかロシア革命です。さらに言えば、レーニンを育てたのはアメリカとイギリスの国際金融資本家です。さらにはっきり言ってしまえばその後のＦＲＢの創設につなが

ミハイル・ゴルバチョフ

ウラジーミル・レーニン

る、ユダヤ系左派の大資本家たちということですね。

ロシア革命っていうのは、つまるところ彼らによる共産主義革命なのです。これをはっきりおっしゃっているのは、私が知る限り河添さんぐらいしかいないんです。

河添：ありがとうございます。英語と中国語でさまざまな資料を読み込めば、ユダヤ系左派の大資本家による共産主義革命、スポンサーと工作員が連動した動きと毛沢東《もうたくとう》ら中国共産党の紅軍《こうぐん》（中国工農紅軍の通称。中国人民解放軍の前身）のつながりがわかります。

私は「超」が付くリアリストですので、以前から「世界は思惑と資本がワンセットで動いている」と考えてきました。簡単に言えばいくら崇高な理想を掲げようが、そこに資本がくっついていなければ国内どころか世界的な動きになどなりません。

少なくとも世界は、手垢にまみれた巨大マネーと意志がワンセットで動いてきたと総括しています。世界という漠然としたものではなくとも、オーナー企業がいい例で、意志とお金で企業と従業員を動かしていますし、メディアだってスポンサーの意向を無視できません。簡単なことなのに、多くの人がそれを理解していないことの方が不思議です。

ですから、大資本家が世界を動かす要《かなめ》にいると考えること自体、陰謀説でも何でもなくリアルな現実です。日本でも世界でもナショナリスト、保守がずっと弱かったのは、世界を動かす国際金融資本家は皆グローバリスト、というか共産主義思想だからです。

馬渕：依然としてタブーみたいになっていますが、別に何もユダヤ人がすべて悪いと言っているわけではなくて、長い歴史を通して別れ出たユダヤ人の中の左派がこういう革命を先導したわけです。しかも、その左派を支援しているのが大資本家、富裕層なのです。

本来、反資本家の左翼が資本家から支援を受けていたと聞くと、多くの方は頭が混乱するかもしれませんが、NYのウォール街なりロンドンのシティなり、他にもいるんでしょうけど、そういうユダヤ系左派の大資本家が世界の左翼運動のバックにいるわけですよ。日本の左翼も元をたどればそういう人たちなのです。左翼は弱者の味方なんて言っていますが嘘っぱちです。

歴史を振り返れば、左翼は昔から大金持ちの味方です。だけど、それがバレたら困るから、彼らは今、アメリカで「トランプ降ろし」を、日本では「安倍降ろし」を必死にやっているわけです。日本の良心的な左翼の方々には、左翼の歴史的真実を知ってほしいと思います。

ロシアと中国——冷戦終結後の異なる筋書き

馬渕：ディープステートによる90年代からの戦略に話を戻しますが、ロシアではなく一方の中国に対しては、奪うべき天然資源がなかった。ほとんどなかったでしょ？　その代わりの資源は何かと言えば……。

河添：廉価な労働力ですね。

馬渕：おっしゃる通り、安い労働力です。そしてディープステートが儲けるためには、共産党支配のままの方が工場を管理しやすい。共産党支配のもとでは土地の手当てが簡単ですし、環境汚染の基準も無視すればいい。工場廃液を垂れ流しても、独裁政権下では住民の抗議も封じることができます。ですから先進国の生産工場が次々と中国へ進出し、日本もそれに付き合わされましたね。

河添：江沢民《こうたくみん》時代の中国は「世界の工場」がスローガン、その後は「13億人の市場」でしたからね。もっともそれ以前から、日本は我々の血税、ＯＤＡ（無償資金協力）を投じ、道路や橋、港湾など、中国サマのためにインフラ整備をしてあげましたが……。

今のお話でわかることですが、中国に人権の概念がまともに存在しないことも工場移転をする側にとっては好都合だったってことですね。

馬渕：その結果、中国自体もそれなりに発展はしたけれど、中国に投資した資本家らはさらに大儲けしたと、こういう構図だったのではないかと思うんです。すなわちディープステートは、冷戦終結後から、ロシアと中国に対してまったく異なる方法をとった。共通するのはディープステートにとっての利益のため、どういう方法が良いかという選択だったわけです。

プーチン出現で始まった本当の米露冷戦時代

馬渕：ロシアについては別の意味でアメリカと同じような形、つまりユダヤ系左派の国際金融資本、ディープステートが主導する「新自由主義」のもとに新生ロシアにしていくつもりが、ウラジーミル・プーチン大統領が出てきて、その計画を潰したわけです。

だから、米露の本当の意味での冷戦は、プーチンがユダヤ系新興財閥を抑圧し出してから始まったというのが私の考えです。それは河添さんも同じだと思いますが。

河添：ロシア帝国時代のユダヤ人迫害、すなわちポグロムに対して心底ロシア人を憎んだことから、ニューヨークなどに在住するユダヤ系アメリカ人の富裕層、銀行家などが日露戦争で日本を応援し、勝利に導いたという話があります。それから、ほぼ1世紀を経た2000年5月にプーチンが大統領に就任し、ロシア共和国の国益に合致しないユダヤ系財閥のオリガルヒを追い出しました。

とすれば、世界の大メディアの報道が「プーチン=悪魔」が基本姿勢になるのは頷けます。メディアは主にユダヤ系左

ウラジーミル・プーチン

派、グローバリストが牛耳っていますからね。

馬渕：プーチンはロシアの愛国者、ナショナリストですから、「ロシア民族がロシアの天然資源を支配すべきだ」という発想ですよね。ところが、グローバリストはそうではなくて「どこの資源を、どこの国の人間が支配してもいい。つまり、自分たちが支配してもいい」っていう発想です。

中国人の金儲けの発想も、グローバリストと似ていますね。金儲けのタネがある場所なら、たとえ世界の果てでも出かけて行く。先ほど河添さんが華僑華人について触れられた通り、そもそも彼らには、「国」という概念がないですよね。

河添：ありませんね。あるフリをしているだけ、というか。

馬渕：だからグローバリストの思考とピタッと合う。それで当時の、いわゆるコミュニストのなれの果てが、どこに行ったかっていうと、さっきおっしゃったように1つは国連へ。もう1つは中国に行った。それから、あと1つはアメリカに行きネオコンになっているんです。

河添：ネオコンもそうでしたね！

馬渕：国連、中国、ネオコン。この3つが、東西冷戦後の世界秩序を「表で」創ってきたと考えられます。そして遅ればせながら中国共産党も、アメリカに巣食ったディープステートみたいなことを、北京を拠点に始めているわけですね。

一方、ナショナリストのドナルド・トランプが大統領に就任し、ロシア革命以来、100年続いた世界秩序と構造を今まさに改めようとしています。

グローバリズムの時代からナショナリズムの復権へ

馬渕：結論を先に言えば、これまで共産主義者、すなわちグローバリストが牛耳ってきた中国も、もう変わらざるをえないんです。具体的に何年先かを予言することは困難ですが、共産党支配が終わるということは、グローバリストにとって既定路線というか明確ではないかと思っています。

ちなみに、ソビエト連邦は事実上72年間で滅びました。事実上と言いますのは、1917年のロシア革命から、1989年のマルタ会談での冷戦終結宣言までを指しています。お気づきになったと思いますが、中華人民共和国建国の1949年に72年を足すと2021年なんですね。2021年が近づいています（笑）。

河添：その頃、中国は……（笑）。

馬渕：中国共産党独裁政権が、事実上崩壊している可能性がある。それからもう1つは、私もいろいろな機会に申し上げていることですが、今日のヨーロッパのヘンリー・キッシンジャーとでも言うべきジャック・アタリが、著書（『21世紀の歴史――未来の人類から見た世界』作品社・2008年）にはっきりと記しているんです。「中国共産党支配は2025年に終わる」って（笑）。根拠は何かと言えば、「どの政権も70年以上はもたない」っていうだけの話ですが。

ジャック・アタリ

河添：欧州復興開発銀行の初代総裁で、歴代フランス大統領のブレーンとして活躍していたユダヤ系フランス人ですね。

出生は、フランスの植民地アルジェリアのようですが。

馬渕：はい。彼は世界のユダヤ社会の重鎮の1人で、思想や知識面のトップに位置する人だと私は見ています。そのアタリもディープステートの一員であることを踏まえると、お気づきのようにその真意は「ソ連だって自分たち（ディープステート）が創ったけれど、70数年後には自分たちの手で潰したよ」という話ですね。だからアタリの予言は「中国共産党政権も自分たちの勢力が創ったけれども、それは長くても２０２５年には終わらせるよ」ということを言っているわけです。

とすれば、先ほど申し上げたように、これから世界の秩序が大きく変わっていくはずです。グローバリズムの時代からナショナリズムの復権というか、そういう世界秩序に変わっていく。その過程で生じているのが、今のさまざまな紛争ではないかと思うのです。

第1章

トランプ大統領の思想的背景と〝赤狩り〟

「トランプのアメリカ」を正確に理解していない

馬渕：2017年1月からトランプ政権がスタートし、「アメリカ・ファースト」の公約実現のために頑張っています。これまでと何が違うかと言えば、バラク・オバマまでの政権で無視されてきたアメリカ国民の多くが、自分たちの声を代弁してくれているトランプさんを支持していることです。今までは、アメリカの大メディアが大統領を支持していればそれでよかった。国民の意向は関係なかったわけですね。

しかも、メディアがいわゆるフェイクニュース化している現実を、トランプさんは国民にツイッターで直接訴えているでしょ。これはアメリカの政治の大きな様変わりでね。これを日本のメディアも知識人もまったく見通していません。

河添：理解していないですよね。

馬渕：だから依然として「トランプは知能が低い」とか「人種差別主義者だ」とか「大衆迎合主義者だ」とか。あるいは「セクハラをやっている」とか、そういうことしか言いません。それはとんでもない間違いでね。僕が残念に思っているのは、今の日本にアメリカを知っている人が、つまり「オバマまでのアメリカ」ではなく、「トランプのアメリカ」を正確に理解している人が、ほとんどいないことです。

河添：しかも、アメリカのテレビ番組が街頭インタビューするのも、ニューヨークやサンフランシスコではね。おそらくインタビューに答えている人の大半が移民1世か、最近アメリカに来たばかりの人々ですよ。彼らの意見が、何代も前から工場や農場で働いて普通に暮らしてきた大多数のアメリカ人を代表するものかどうか疑問です。

私も、トランプさんの登場で「時代はこれから大きく変わる」と、２０１６年末の段階から期待に胸を膨らませていました。『トランプが中国の夢を終わらせる』のタイトルで、ワニブックスから本を上梓したのがまさにその頃、２０１７年3月です。ちなみに副題は、「プーチンとの最強タッグが創生する新世界秩序」です。

就任演説を行うトランプ大統領（2017年1月20日）

馬渕：トランプとウラジミール・プーチンのタッグを指摘されたことは慧眼《けいがん》ですね。これまで、トランプはロシアゲート捜査もあって、対露関係の改善に乗り出すわけにはいかなかったのです。ところが、２０１９年3月末に出されたロバート・モラー特別検察官の報告書で、２０１６年の大統領選挙でトランプ陣営がロシアと共謀した証

ジェームズ・マティス

拠はないと認定しました。今後、トランプは対露関係改善に努めると思われます。

河添：これまでのアメリカは、ズブズブのチャイナゲートだったくせに！

馬渕：そもそも、アメリカのメディアは捏造《ねつぞう》までしてトランプがいかに政府内で孤立しているかという報道を意図的に流しています。それから、私の世代には懐かしいボブ・ウッドワードというワシントン・ポストの有名記者が暴露本まで書いて、ジェームズ・マティス前国防長官が、「トランプは小学校5年生の理解力しかない」と言ったという類《たぐ》いの話を垂れ流しています。狙いは、トランプ政権を内部から混乱させるためです。

河添：分断工作みたいなことをして疑心暗鬼にさせて、政権の力を弱めようとしているのでしょうね。退任に追いやられたマティス前国防長官に私憤はあったとしても、上品ではないというか彼の晩節を汚《けが》します。

馬渕：そういうことです。ワシントン・ポストだけかと思ったら、今度はそこにニューヨーク・タイムズも乗ってきてね。記憶に新しいのは、2018年9月5日のニューヨーク・タイムズに載せられた寄稿文です。誰が書いたのかわかりませんが、「私は政権内のレジスタンスだ」っていう匿名《とくめい》高官によるトランプ批判を載せたんですよ。

河添：ニューヨーク・タイムズの誰かが、勝手に作文したのでは？（笑）。

馬渕：そういうことをやり出すから、こういう言い方は失礼かもしれないけど、今のアメリカのメディアは日本の左翼メディアと同じくらいレベルが落ちています（笑）。

かつて彼らが「アメリカの良心」だとかなんとか称えられたのは、ひとえにディープステートの一員というか、手足だったからなんです。しかも、これまで彼らはアメリカ国民の世論を支配していました。ところがトランプ政権になってから、それが通用しなくなった。それで焦っているわけです。

高等戦術を使うトランプ

河添：トランプさんは、戦略的にツイッターを使っていますね。２００９年に娘のイヴァンカさんが保守派に属するユダヤ系アメリカ人、ジャレッド・クシュナー氏と結婚。ユダヤ教徒に改宗します。イヴァンカさんは翌２０１０年に「The Trump Card: Playing to Win in Work

イヴァンカ・トランプ

ジャレッド・クシュナー

and Life」を上梓し、その中で「私たちトランプ・ファミリーは、理解を得るためにプレーしたりはしない。私たちは勝つためにプレーする」と記しています。なかなか強気な発言ですが、すでにトランプ・ファミリーは大統領選への出馬に向けた助走を始めていたのかなと。トランプさんのツイッターも、２００９年3月から始まっています。

馬渕：だから、トランプは記者会見をやらないんですよ。やることもありますが、記者会見をしたら、必ずメディアがそれを歪めて伝えますからね。それでトランプはツイッターで直接、選挙民たる国民に訴えるという戦略、手法をとっているわけです。

そんなことをされると、メディアを含むディープステート側にとってはたまらない、我慢できないわけです。記者会見をやってくれれば、自分たちの好き勝手にトランプが意図しない方向に引っ張っていかれるのに。過去、そういうことを散々やってきた彼らですが、その手口が世間にバレてきた。今はそういう節目にある時代なんです。

河添：日本を含めた世界の大メディアやお抱え評論家らが、「アメリカ・ファースト」を「排他的なナショナリズム」「狭量なナショナリズム」と揶揄《やゆ》すること自体、お笑いです。「家族ファースト」は愛情を持った普通の人間の感覚だと思いますが、そういう価値観を「排他的」「偏愛」と言っているようなものです。

しかも、トランプさんが戦略的なのは、21世紀FOXの創業者で〝世界のメディア王〟の異名を持つ米メディア大手ニューズ・コーポレーション社のルパート・マードック会長とは家族ぐるみで親しくしてきたことです。

イヴァンカ・クシュナー夫妻が、パパのアドバイスを受けたとかで、マードック会長とウェンディ・デン夫妻（2013年に離婚）とバカンスをするなど社交に注力してきたと言われています。ほとんどの大メディアはユダヤ系の極左かリベラルですが、FOXはそうでもないようですし、味方を確保しながら戦略を練ってきたのかなと。

ルパート・マードック

事実、FOXテレビは大統領選の最中、朝昼晩のニュースでトランプ陣営をわりと「偏向せず」報じてきました。一方、CNNはヒラリー・クリントン支持を鮮明にするのみならず、反トランプ運動を扇動しました。以前から「コミンテルン・ニュース・ネットワーク」などと揶揄されてきたCNNですが、「クリントン・ニュース・ネットワーク」との別名もありましたねぇ（笑）。

馬渕：トランプさんは、世間で言われているようなバカな人、知能の低い人ではなく、実は大変に高等な戦術を使っています。正面から理路整然とやったら、必ず彼らに潰されますからね。でも、ああいうハチャメチャなやり方だと、かえって潰されにくい。

なぜ、そんなことが言えるかというと、昔、日本でもある将軍が精神に異常をきたしたふりをして、暗殺を逃れたという話があるんです。第13代将軍・徳川家定です。彼が奇怪な振る舞いをしたり菓子作りに夢中になったりしたのは、殺されないためだったという説です。

徳川家定（江戸幕府第13代将軍）

もし、トランプ大統領が正面から「アメリカ政治はこれまでディープステートに牛耳られてきた。だから建国の理念である自由も民主主義も機能していない。私たちの手に政治を取り戻す必要がある」と理路整然と主張したら即刻、潰されます。

河添：ましてや「ドル通貨の発行権をこの手に取り戻す」なんて発言してしまえば、リンカーン大統領やケネディ大統領と同じ悲劇に見舞われかねませんね……。

馬渕：そうです。「ＣＮＮはフェイクニュース」なんて具合に言っている限りは大丈夫なんです。これも相当、計算ずくでやっている。だから、先ほど話に出たような、「知能は小学校５年生程度」なんてことはありえない。

バカな人が頭のいいふりはできません。でも、頭のいい人がバカなふりはできます。だからトランプは今、高等戦術でもってバカなふりをしている。そうしないと、ディープステートにやられるから。

安倍首相とトランプ次期大統領［当時］
（2016年 11月 17日、トランプ・タワーにて）

河添：ニューヨークの一等地にビルを持ち、不動産王にのし上がるのみならず、テレビのリアリティ・ショーの司会でも人気を博した人物です。バカでは続きません。

当選が決まった２０１６年11月、安倍晋三首相とトランプ次期大統領がニューヨークの自宅で会った翌日、娘イヴァンカ夫妻が面談したのは、私にとっては「やっぱり！」だったのですが、先ほどお話ししたＦＯＸテレビのルパート・マードック会長、そしてヘンリー・キッシンジャー元国務長官でした。

さらに翌月、ＦＯＸテレビの番組（２０１６年12月11日放送）

で、トランプ次期大統領が「1つの中国の原則に、なぜ我々が縛られなければならないのか？」と語りました。習近平政権にジャブを打ったのです。

この発言に最初に冷水を浴びせられたのは、中南海（北京）よりもキッシンジャー元国務長官だったかもしれません。

台湾独立を支持したい私としては、トランプ政権が船出すれば台湾との関係がより強固になる。1971年以来続くいわば〝キッシンジャーの呪縛《じゅばく》〟から脱皮するのではないかと胸が高鳴りました。

キッシンジャー元国務長官とトランプ大統領（2017年5月10日）

馬渕：そして、2018年の中間選挙の結果では、下院は民主党、上院は共和党が勝ちました。上院は共和党が議席を上積みしましたので、トランプ大統領は「大きな勝利」と言いました。ニューヨーク・タイムズやワシントン・ポストは中間選挙直前、さらにトランプを激しく叩いていました。「惨敗する」とね。

けれども、惨敗に確信があるのなら、そんなにメディアがいきりたって焦る必要はないでしょう。メディアは「事実」の逆へ逆へと動いています。

ナンシー・ペロシ

河添：しかもこの中間選挙のあと、民主党の有力政治家であるナンシー・ペロシ下院議長が、「（上院・下院議員にねじれが起きたが）アメリカの対中政策は変わらない」と公言しました。過去の言動からは親中だった、カリフォルニア州選出のペロシ議員のこの発言からも、アメリカが挙国一致で中国の脅威に立ち向かっていることも確信しました。

トランプの思想的背景

河添：実のところ、私は直観とロジックとで2016年に世界の大転換を予感し、トランプさんの背景もいろいろ調べ、勝利は五分五分であること、トランプ政権が誕生した暁《あかつき》には時代が大きく変わるはずだと解析しました。

2015年までは本当に私、このままだと日本も中国に乗っ取られるし、私自身がいずれ政治犯などで捕まってしまうのではないかと緊張していました。言論の自由は、どんどん失われています。正確に言えば、左派の自由はあるけれど、保守、右派の自由はことごとくなくなっているというか。

馬渕：アメリカでも言論の自由はなくなっていたんですが、トランプが登場して、フェイクニュース批判という形でCNNを叩き、あるいはワシントン・ポストやニューヨーク・タイムズを叩きだしました。ようやく、アメリカにおいても言論の自由が回復されつつあるのです。

河添：開放された気持ちになっている方も多いのでしょうね。嘘を書いても、書かれた本人はツイッターなど、「SNSで反撃していけますしね。フェイクニュースも、徐々にやりにくくなっているはずです。トランプ大統領の出現によって、時代が大きく動き出したのはまぎれもない事実です。これは馬渕大使にとっても、私的にもいい傾向かと。いかがでしょう？

馬渕：いい傾向だと思いますよ。ですから私なんかはともかく、今、河添さんのような若い方たちにやっていただきたいのは、まさにこういうことなんですね。戦後の民主主義というその欺瞞《ぎまん》の体制。これを、ひと皮剥《む》けばどういうものかっていうのがわかります。今まで隠されてきた、その皮を一枚ずつ剥《は》いでいくのが良心的な日本人の役目だと。それによって初めて、日本は自立していかれると思います。

河添：トランプ政権が船出するタイミングで、私自身の新刊書のタイトルは『トランプが中国の夢を終わらせる――プーチンとの最強タッグが創生する新世界秩序』にしたいと、確信犯的に頭に浮かんだわけですが、当時、保守の言論人はもちろん、メディア、経営者、世間的には99％が、「トランプ？　ハァ？」って感じで、ひどくがっかりしたわけです。
　この1、2年ほどの言論空間は米中戦争の話題に夢中ですが、調子いいなぁと（苦笑）。私は「予言的なタイトルだったでしょ」と、たまに自慢しているんですが（笑）。

馬渕：本当ですね。「正当な自慢」だと思います。読者の多くは、プーチンとトランプとのタッグに違和感を覚えたのでしょう。ディープステート傘下のメディアの洗脳によって、私たちは、プーチンは悪者だと思い込まされていますが、それは真逆のプーチン像です。先般のウクライナ危機の際にロシアがクリミアを併合したことを口実に、メディアは「プーチンは武力による領土拡張主義者」だとのレッテル貼りに成功しました。
　2014年のウクライナ危機は反プーチンの東欧カラー革命の一環であって、アメリカのネオコンが仕掛けたクーデターでした。この点を理解せずに、「プーチン悪者説」に染まっている限り、現在の世界政治の真の構造はわからなくなります。ここで、河添さんのタイトルに至るロジックを、少しご披露いただきましょう。

河添：ありがとうございます。90年代以降、ソ連ではなくアメリカ政界が中国共産党の毒牙にかかっていく状況を把握していたので、2011年から本格的な現地取材を行い、主に超リベラルの牙城《がじょう》、カリフォルニア州周辺を定点観測しながらレポートを続けていきました。

アメリカ大統領選が佳境を迎えた2016年11月中旬、私はアメリカの日刊紙ワシントン・タイムズ及びワシントン・フリー・ビーコンの記者で編集者、コラムニストのビル・ガーツ記者の講演を聞きました。ガーツ記者は、トランプがトランプである所以《ゆえん》、思想的背景として2人の人物を挙げながら話を進めていきました。

その1人は、トランプ家が通っていた福音派の教会の牧師の話でした。ビジネスでも何でも勝つためにプレーする、自分は絶対に間違っていないと信じることを教えてくれた人物とされています。また、白人で福音派のキリスト教徒の90%以上がトランプを支持していることなども語っていましたが、この牧師に関する話の詳細は省きます。なぜなら、私はもう1人の名前に強く反応したからです。その名前は、ロイ・マーカス・コーンでした。

ジョセフ・マッカーシー上院議員の〝赤狩り〟

馬渕：そうですか。私はコーンのことは思いつきませんでした。是非、詳しく教えてください。

河添：多くの日本人にとっては、ピンとこない名前かもしれません。1950年代初頭、ジョセフ・マッカーシー上院議員の手足として、暴力的に〝赤狩り〟に挑んだ悪魔のような男として、マッカーシーと併せてハリウッドでもっともヘイトされた人物です。とはいえ30年前、1986年に他界しています。

ガーツ記者は、聴衆の前で淡々とこう語ったのです。「トランプは、そのコーンの写真を自身のオフィスに飾っていた」と。なので、徹底的にコーンの名前を検索して、過去の文献、記事にあたってみることにしました。

マッカーシー（左）とコーン

そして拙著に書いた内容になりますが、かいつまんでご紹介します。

ニューヨーク市マンハッタンで生まれたコーンの父親、アルバート・コーンはユダヤ系アメリカ人判事で、有力な民主党員でした。コーン自身はマンハッタンの連邦地方検事局に勤務します。おりしも、米下院非米活動委員会（HUAC）が、1947年9月に「映画産業への共産主義の浸透」の調査、すなわちハリウッドを対象とする〝赤狩り〟を始めた時代でした。

馬渕大使にお話しするのは釈迦《しゃか》に説法ですが、1938年に設立したHUACは、ナチス的右翼の監視を目的としてきましたが、第二次世界大戦後に米ソ冷戦が始まると、真逆の〝赤狩り〟を主任務に据えました。

新米のコーン検事補佐は、スミス法（政府転覆を目的とする言論や団体結成を規制）に基づく共産党幹部11人が扇動罪で告訴された事件、国務省高官のアルジャー・ヒスが偽証罪で告訴された事件など、共産党スパイ嫌疑にまつわる重要案件を扱っていきます。その過程で、強烈な反共産党思想の持ち主になっていったとされています。

馬渕：ユダヤ系のコーンが反共産党思想の持ち主になったという話は、ユダヤ人と言っても決して一枚岩ではないことを示していて興味があります。

河添：ＦＢＩ（連邦捜査局）も、「共産党員はソ連のエージェント」「親ソ知識人の背景にソ連の影」、すなわち「アメリカ共産党員は組織的にソ連のスパイ活動の一翼を担っている」との仮説で捜査を進めていったわけです。

ジョン・エドガー・フーヴァー

若きコーンの勇猛果敢な働きは、防諜活動を推進していたＦＢＩのジョン・エドガー・フーヴァー長官の目に留まります。そして、のちに上院政府活動委員会常設調査小委員会（ＰＳＩ）の委員長となる共和党のジョセフ・マッカーシー上院議員に、コーン氏を紹介し、推薦したそうです。補佐候補には、ＰＳＩ

の下級法律顧問ロバート・ケネディ、すなわちジョン・F・ケネディ（のちの大統領）の弟の名前が挙がっていましたが、「部下として扱いやすい」コーンが主任補佐役に選ばれました。

スパイに原爆の秘密を与えたディープステート

馬渕：なるほど。赤狩りの経緯について述べますと、1950年2月、マッカーシー上院議員が「共産主義のスパイが政府機関に潜入し、枢要なポストを占めている」「国務省内に57人の共産主義者がいる」などと告発し、以来、広範囲な調査が始まり、政府高官や陸軍関係者、学者、言論人、ハリウッドの俳優や映画監督らが次々と、「共産主義者」「ソ連のスパイ」もしくは「その協力者」として糾弾されました。

原爆をめぐるスパイ容疑で芋づる的な摘発が進む中で、ソ連に原爆設計図を渡した疑いでローゼンバーグ夫妻が1951年に起訴され、有罪判決が下ります。電気椅子《いす》に連れていかれても、「スパイの夫」と「夫がスパイであることを知っていた妻」は一切の関与を否定し続け、ソ連への忠誠心を放棄しませんでした。

もっとも少し考えてみれば、東西冷戦期に原爆の秘密を彼らに与えたのはディープステートです。ソ連の核開発を、このような方法で「支援」していたわけです。ローゼンバーク夫妻を秘密保持のため、あえて見殺しにしたとも言えます。

河添：ローゼンバーグ事件の判事は、コーン家の旧友アーヴィング・カウフマン（のちに第2連邦高等裁判所首席判事・大統領自由勲章）が任命されました。夫妻に死刑判決が下ると、アメリカのみならず世界から「反共ヒステリーによる冤罪《えんざい》だ」との非難が沸き起こったのは馬渕大使もよくご存知かと思います。

ソ連のスパイ容疑で唯一、死刑判決が下ったローゼンバーグ夫妻(1951年)

マッカーシー上院議員は、1954年12月に解任されますが、〝赤狩り〟の急先鋒としてコーン氏は適役だったはずです。なぜなら、共産主義者とソ連のスパイのなかには東欧出身のユダヤ系が少なからずいました。ユダヤ系で民主党員のコーン氏による糾弾は、反ユダヤ的な側面があっても、それを覆い隠すこともできるためです。

ただ、コーン氏は赤狩りのみならず同性愛者弾圧の急先鋒でもありました。FBIのフーヴァー長官とコーン氏は、同性愛者と共産主義者とのつながりに着目し、その多くがソ連のスパイか共産党協力者であるとの疑いを持っていたからです。

スパイを立証するための証人や被告人に対し、コーン氏は「同性愛者であることを暴露されたくなければ、法廷で検察に有利な証言をせよ」と圧力をかけることもあったようです。証人脅迫や偽証などの容疑で、コーン氏は3回起訴されましたが、いずれも無罪を勝ち取っています。皮肉なことにＦＢＩのフーヴァー長官と副長官、この２人の関係もそうなのですが、コーン氏もまた誰もが知る同性愛者でした。

トランプはコーンの〝作品〟

河添：１９６０年代、ニューヨークに戻ったコーン氏は、弁護士としてセレブな著名人を顧客に持つのみならず、マフィアのボス、ジョン・ゴッティの顧問となり〝悪魔の弁護士〟として名をとどろかせていきます。リチャード・ニクソン大統領やロナルド・レーガン大統領とも親交を結び、非公式の顧問も務めていました。

民主党員でありながら、共和党の保守派との関係が深いコーン氏とトランプさんの密接な関係がわかる記事が、大統領選挙最中の２０１６年６月20日、ニューヨーク・タイムズ紙（ウェブ版）に発表されました。タイトルは、「ドナルド・トランプはジョセフ・マッカーシーの右腕から何を学んだのか（What Donald Trump Learned From Joseph McCarthy's Right-Hand Man）」です。

掲載された写真は4枚。その中には、1983年の若きトランプさんとトランプタワーのオープニングでのコーン氏、エドワード・コッチNY市長との3ショット写真やトランプの最初の妻イヴァナ夫人とコーン氏など、4人が映った写真もあります。

同記事から、2人の特別な関係を簡潔に紹介しましょう。「ニューヨークで不動産事業を始めたばかりのトランプは、父親の紹介で1973年に19歳年上のコーン弁護士と会う。クイーンズ地区に低所得者層向けの住宅を開発したが、黒人に対する賃貸を故意に避けたと訴えられ、コーンはその弁護を引き受けた」

「1970年代初頭、コーンは著名な芸能記者に、『コイツはニューヨークを我が物にする人物になる』とトランプを紹介した。トランプへの関心は尋常ではなかった」

「訴訟されたら徹底的に戦う。相手が参ったと言っても、手加減しない、と公言していたトランプの、アグレッシブで好戦的なビジネス手法は、コーンがトランプに仕込んだ」

「トランプのスポークスマンでもあるコーンは、亡くなるまでの13年間、トランプの弁護士だった」

「マッカーシーの耳に悪名高い囁《ささや》きをしたあの弁護士は、13年間、トランプの耳にも同じよう

（左から）トランプ、コッチ NY 市長、コーン弁護士
（1983 年、トランプ・タワー）©ZUMA Press/ アフロ

に囁いた」

「トランプは、自分たちがとても近い関係にあることを語っている。1日に5度は話をし、マンハッタンのル・クラブやスタジオ54などで一緒に夜遊びをする仲間だった。誕生パーティーの仕切りもコーンがやった」

「1980年代、すでにエイズを発症していたコーンだが、亡くなる2カ月ほど前、過去に犯した悪行——顧客の資産の横領や、遺言の改ざん強要といった非倫理的行為により弁護士会から追及を受け、その挙句、法曹資格を剥奪《はくだつ》された。その際にも、トランプがコーンのために証言台に立っている」

「トランプが所有するマンハッタンのバルビゾン・プラザ・ホテルの一室にこもっていたコーンは、そこで亡くなった」

「コーンの写真をオフィスに飾っていたトランプは、『ロイ（コーン）は1つの時代だった。彼の死で1つの時代が消えた』と回顧した」

CNNも同様に、2人の密接な関係を報じています。非人道的な〝赤狩り〟と〝ゲイ狩り〟

でハリウッドまで震撼《しんかん》させたロイ・コーン氏を信奉し、13年間、彼からみっちり学んできたのがトランプ。すなわち「トランプはコーンの〝作品〟」というのが大メディアとハリウッドが連動して行うネガティブ・キャンペーンでした。

ニューヨーク・タイムズの記事には、「恐ろしく冷たい心を持った人間（コーン）に、特別な感情で虜《とりこ》になったのがトランプだった」とも記されています。

〝21世紀の赤狩り〟をするトランプ

馬渕：非常に面白いですね。今日のトランプの行動の原因がよくわかりました。

河添：はい。この記事を読めば、スポークスマンを演じるハリウッドが、トランプさんを絶対的な敵とみなしていても不思議ではないわけです。それと、日本人の多くはこういった内容を鵜《う》呑《の》みにするのかもしれませんが、少なくとも、私はこのように考えました。

まず、コーン検事は自由と民主主義を愛するナショナリスト、愛国者だったからこそ鉄面皮に〝赤狩り〟に邁進したのではないかと。そしてトランプさんは、コーン氏を通じて共産主義の恐ろしさを知り、「アメリカ・ファースト」の姿勢を学び敬愛していたのかなと。

トランプ候補（当時）とメラニア夫人（2015年）

それから、「ゲイのユダヤ人」を師匠とし、スロベニア（旧ユーゴスラビア）出身の妻を持ち、長男より長女を重用したのがトランプ氏だとすれば、メディアが喧伝《けんでん》する、LGBT差別者、レイシスト（人種差別主義者）、女性蔑視、排他主義者というトランプ氏へのレッテル貼りは、すべて的はずれだと判断しました。

何より、民主党のヒラリー・クリントン陣営は、まさに〝赤い中国〟とズブズブの関係でしたので、トランプさんが大統領になったら〝21世紀の赤狩り〟をする。その対象が中国共産党となり、スパイと戦う政権になると直感しました。

実際のところ、トランプ政権は船出した早々から中国共産党政府を脅威とみなし、次々と斬新な法案にサインをしています。しかも、想像以上に加速度がついた動きに見えます。

共産主義犠牲者の国民的記念日

河添：私の予測に合致したのと、嬉しい気持ちに驚きが混ざった記念日が、2017年11月

7日にアメリカで策定されました。「共産主義犠牲者の国民的記念日（National Day for the Victims of Communism）」です。

共産主義国家でどれほどの人間が犠牲になったのか。たとえばカンボジアのポル・ポト政権でどれほどの人が大虐殺されたか。本丸は毛沢東時代の大躍進、文化大革命、そして習近平政権に至るまで、中国共産党の政権下でどれほどの人が死んだか、ウィグルやチベットなどでどれほどの人たちが虐待を受けているか、その真実を世界に流布《るふ》することではないかと見ています。

中国国内では、かつてから現在進行形でウィグル民族のジェノサイドが続いているようですが、この1年ほど、アメリカをはじめ世界で反習近平政権に絡めて「人権」もキーワードに大きくクローズアップされています。

アメリカの若者たちに、共産主義の恐ろしさを教える記念日を策定したことは、トランプ政権が共産主義を敵としているどころか、潰そうとしていることの布石だと思いました。

共産主義の恐ろしさ、非人道性を、日本を含め世界の若者たちは知らなさすぎます。「社会主義」と言ったりするから訳がわからなくなるのです。搾取しかない独裁の共産主義を、北欧型の社会民主主義とごっちゃにしているみたいなんです。

たとえば社会民主主義的な国家であるデンマークでは、「1年間でこれだけの税収がありました。社会福祉にいくら、新規教育事業にいくら、難民関連にいくら使います」といったように、国家財政はすべてガラス張りになっています。政治家は例外なく、税金を納める国民目線、すなわち「国民ファースト」の政策をとっています。右派と左派の違いといえば、移民や難民のために計上する税金額が多少違う程度なんです。

ところが、アメリカのミレニアム世代は、中国共産党への警戒心が希薄で、格差がない社会と勘違いしているらしいのです。民主党の大統領候補としてヒラリーと争ったバーニー・サンダースさんは、まさに社会民主主義的な理想を唱えていらっしゃいました。その理想社会について私自身は否定しませんが、移民立国のアメリカでの実現はそもそも無理な話ですよ。富を皆で公正に分配しないのがアメリカ社会なのですし（笑）。

バーニー・サンダース

馬渕：非常に重要なご指摘です。ソ連が崩壊して、共産主義国は中共や若干の周辺国が残りました。それで、もう我々は資本主義国家・自由主義国家が共産主義に勝ったとなんとなく信じ込んでいます。でも、共産主義は全然滅んでいないんです。それはなぜかというと、アメリカ自身が共産主義者に牛耳られてきた国家でしたからね、ずっと。その事実は我々から隠されているわけです。
共産主義独裁国家・政権は何かというと、「あなたの幸せは共産党が決めます」ということです。あなたが何を考えるかは私が決める。つまり、共産党エリートが決める。民衆はただ黙々と、共産党に従っていればいいと。
中国国民か中国人民か知りませんが、どうしたら幸せになれるかっていうのは、「それは中国共産党が決めることだ、あなたが決めることじゃない」っていうことなんです。それが共産主義独裁政権のポイントなんですね。
河添：パラノイアですよ。人間はそれぞれ、「誰か」にはなれませんから。
馬渕：彼らの思想は、もともと被害者意識から出ています。ロシア革命を見ていると、まさに被害者意識そのものです。ロシア革命に携わった人たちの大多数はユダヤ系左派ですが、彼らは帝政ロシアに迫害されてきたという被害者意識の持ち主でした。革命はその被害者意識の裏返しなんです。
河添：習近平政権も「屈辱の世紀」などと被害者意識を全面に打ち出しています。歴史を捏造して、錬金につなげる被害者ビジネスにもいそしんでいますが、ささくれた、歪んだ心が原動力なのでしょうね。

馬渕：これは共産主義者に限らず、その他のいろいろな社会現象にも現れることですが、とても危険です。つまり、「被害者が正義」だってことですから。自分たちをこんな目に遭わせた連中に対しては、何をやってもいいって発想です。だから、ご指摘されたような共産主義による大殺害が起こったんです。

共産主義の負の部分に関する研究は、すでに公開されています。１９９７年にフランスで『共産主義黒書』（ステファヌ・クルトワ他著。日本語訳は２００１年の恵雅堂出版、２０１６〜１７年の筑摩書房）が出版されてベストセラーになっています。それによれば、世界の共産主義者は約１億の人類を殺していると。本当はもっと多いですよ。中国だけでも１億人ほどではないでしょうか。

河添：毛沢東が建国を宣言した１９４９年10月から死去した１９７６年頃までに、一説には餓死者や自殺者を含め、７０００万

建国宣言を朗読する毛沢東主席（1949年10月1日天安門）

毛沢東

の人々が虐殺などの犠牲になったようです。

馬渕：共産主義が実は殺人思想であるということを、ほとんどの人が知らないわけですよね。逆に共産主義のバラ色の世界観だけがロシア革命以降、世界に広められてきた歴史があります。

我々日本人は共産党独裁国家のやり方というものを、まったく甘く見ていますね。それはソ連と同じで、私はソ連時代を経験しているから、ある意味で自信を持って言えますが、共産主義独裁体制は「悪」、さらに言えば「人類の敵」なんですよね。

だから、そういう風に口に出して言わずとも、実際面においてはそれが人類にとっての敵だっていうことを認識しながら、共産主義独裁政権に対応しなくてはなりません。

臨界点にあったアメリカ

河添：トランプ政権は2018年1月に、10年ぶりの国防戦略（National defence strategy）を発表しました。これまでのテロとの戦いから、中国、ロシアが警戒対象になるといった主旨でした。トランプ政権においての本丸の敵は中国ですが、その中国がロシアと結託することにも警戒しているから、このような内容になったのかなと思っています。

そしてもう1つ、大変に重要なのが同年10月4日のマイク・ペンス副大統領のハドソン研究所での対中政策をテーマとした、50分ほどの演説です。

さらにこれらに対するカウンター演説ともいえるのが2カ月後の12月18日、改革開放40周年の式典で習近平国家主席が行った演説です。この骨子を先に少しお話しさせていただきます。

「共産党が一切を指導し、その指導を不断に強化して改善していく」「マルクス主義の指導的地位を堅持し、実践を基礎として理論のイノベーションを不断に推進していく。21世紀のマルクス主義、現代のマルクス主義を発展させることは、現代の中国共産党の逃れられない歴史的責任だ」「改革を必ず拡大し続け、人類運命共同体を不断に推進し、共に築いていく。弁証唯物主義と歴史的唯物主義の世界観と方法論を検知していく」「中国の特色ある強軍建設の道を歩むことを堅持し、世界一流の軍隊建設に努力していく」といった演説内容でした。

馬渕：なんか懐かしい思いがしますね（笑）。つまり、ソ連全盛時代にソ連の指導者が言っているような内容ですね。この21世紀の世の中に、マルクス主義なんていう言葉が出てきたこと自体、驚きですけれど。

簡潔に言えば、結局、何も新しいことが言えないから古証文を出してきて改めてそれを強調しただけですね。これを私流に解釈すれば、もう中国共産主義は行き詰っていると。共産党の一党支配はいよいよ「終わりが始まった」ということです。河添さんが上手《うま》くまとめられた今の内容を聞いていて、私はそういう印象を持ちました。何を言っているんだろう、今さらと（笑）。

河添：第二次習政権になって以来、「自分たちだけが、マルクス・レーニン主義を継いだ正当な共産主義の大国なのだ」と誇示する類いの台詞《せりふ》が目立つようになりました。

ペンス副大統領によるハドソン研究所での演説は、アメリカの対中政策について完全にリセット、ある意味では宣戦布告のような内容でした。さらにその内容も少し読んでみます。

「中国政府が政治、経済、軍事的手段とプロパガンダを用いて、アメリカに対する影響力を高め、アメリカ国内での利益を得るために、政府全体にアプローチをかけている。中国はまた、かつてないほど積極的にこの権力を利用して、影響力を及ぼし、我が国の国内政策や政治活動に干渉をしている」と。

政治、軍事、安全保障、経済、それからアカデミズムの世界ですね。これらに中国の赤い毒が刺さり込んでいるから、それに対して断固として立ち向かう、ということをペンス副大統領は演説されました。演説会場は、緊張感と共に拍手喝采《かっさい》だったようですね。私だって生《なま》で聴いていたら、もう大興奮したと思います（笑）。

ペンス演説から読み取れるトランプの本音

馬渕：それはね、河添さんもお気づきの通り、ペンス副大統領が言っているのは中国というより中国共産党のことですから。「中国共産党の支配を終わらせる」、彼の意味するところはそういうことなんですよ。

アメリカは中国を抑える、中国共産党の一党支配を終わらせる方向に舵を切ったけれども、それだけを言うと耳ざわり、というか目ざわり……目立つから、ついでにロシアもくっつけた、ということですよね。

それは先ほど正しくおっしゃったように、ロシアは付け足しなんです。国内向けの意味もありますよ。何ら根拠もないロシアゲート（ロシア疑惑）で、トランプの足を引っ張ろうとしている反トランプ陣営に対するいわばメッセージというか、彼らを本気で怒らせないために、一応ロシアも警戒の対象に加えたということであり、本音は中国。中国というより、中国共産党なんです。

河添：私もそのように認識していて、中国共産党政府を敵対視していると。そもそも中国の政治構造は異形《いぎょう》ですよ。共産党の指導下に人民解放軍があるわけですから。その軍と一体化

マイク・ペンス副大統領の対中政策の演説
（2018年10月4日、ハドソン研究所にて）©AP/アフロ

しているのが一見、民間の企業のフリをした人民解放軍系の企業だったりするわけです。

共産党幹部は一族でそれぞれ財閥化していて、大きく、醜く肥大化して、軍の企業まで牛耳っています。銀行も外貨も私物化し、自分系の企業に投資し、そして肥大化させていくわけです。アメリカ、いわゆる西洋社会からすれば、このまま放置していると地球上が中国共産党の赤い毒牙に侵されてしまう、その臨界点にあるのでしょう。

だから挙国体制で本気で戦う。それが２０１８年10月の、ペンス副大統領の演説だったと思っています。

第2章

ディープステート「影の国家」を紐解く

生死に関わる究極のタブー

河添：馬渕大使のご発言やご著書から、近年、広まってきた「ディープステート」について、ここで深掘りしたいと思います。

馬渕：最近では、他の方もようやくこの表現を使うようになってきましたが、世界情勢を読み解くのに欠かせないのがディープステートというキーワードです。「国家内国家」あるいは「深層国家」などと訳されますが、簡単に言えば「影の国家」ですね。

その原点は、1913年に連邦準備制度理事会（Federal Reserve Board：FRB／アメリカの中央銀行制度の最高意思決定機関）が創設された時、ロスチャイルド系銀行、ロックフェラー系銀行をはじめとする英米の金融資本家たちが株主となったことにあります。民主党のウッドロー・ウィルソン大統領の時代です。以来、アメリカの金融はNYのウォール街とロンドンのシティに握られてしまいました。

河添：FRBの創設時のメンバーとして、その他ゴールドマン・サックスやクーン・ローブ銀行などの名前もありますが、チェース・マンハッタン銀行以外はすべてユダヤ系金融機関だったとの記述を読んだことがあります。同行は2000年にモルガン銀行と合併して、ユダヤ系のＪＰモルガン・チェース銀行になりましたが。

ＦＲＢはドル紙幣を発行するだけで利益を得ますね。コストはおよそ紙代や印刷代だけですから。為替介入でも相当な利益があるとか。アメリカ政府が発行する米国債も、刷って儲けて、買い取って借金の債権者になってと。無から有となりジャブジャブ大儲け。

馬渕：ディープステートにとって、ドルの発行権は絶対に手放せない特権なのです。事実、通貨発行という特権に挑戦した大統領は、過去すべて暗殺または暗殺未遂を経験しています。第7代アンドリュー・ジャクソン大統領（暗殺未遂）、第16代エイブラハム・リンカーン大統領（暗殺）、第20代ジェームズ・ガーフィールド大統領（暗殺）、第35代ジョン・F・ケネディ大統領（暗殺）、第40代ロナルド・レーガン大統領（暗殺未遂）です。

第７代アンドリュー・ジャクソン

第20代ジェームズ・ガーフィールド

第40代ロナルド・レーガン

第16代エイブラハム・リンカーン

河添：１８３７年に暗殺されかけたジャクソン大統領は、「銀行は私を殺したいだろうが、私が銀行を殺す。お前たちは腹黒い盗人《ぬすっと》の巣窟《そうくつ》だ。私たちはお前たちを一掃する。永遠なる神の力によって、お前たちを必ず一掃する」「私立の中央銀行が存在することによって、我々の政府から恩恵を受けるのはこの国の市民ではない」「８００万ドル以上の中央銀行の株は外国人が所有している。この国に全面的に結びついていない銀行に、我々の自由と独立が侵される危険があるのだ」などと発言したようです。

　１８６１年に大統領に就任したリンカーン大統領は、「政府は政府の費用をまかない一般国民の消費に必要なすべての通貨を自分で発行し流通させるべきである」「通貨を作製し発行する特典は、政府のたった１つの特権であるばかりでなく、政府の最大の建設的な機会なのである」「この原理を取り入れることによって、納税者は計り知れないほどの金額の利子を節約できる。それでこそお金が主人でなくなり、人間らしい生活を送るための人間の召使いになってくれるのだ」などと語っています。

　そして、１８６２年に法貨条例（Legal Tender Act of 1862）を制定し、１８６５年、グリー

ンバック＝政府発行紙幣を合衆国の永続的な通貨発行システムとする意向を発表したところ、1カ月後に劇場で銃撃されました。

さらに、「我々の国では、お金をコントロールする者が産業や商業の頭となっている」と語ったガーフィールド大統領は、1881年3月の就任からわずか4カ月で首都ワシントンD.C.で銃弾に倒れました。

馬渕：ケネディ大統領が1963年6月4日に、FRBの持つ「通貨発行権」を合衆国政府の手に取り戻す目的の大統領行政命令11110号に署名したこと、同年11月22日に訪問中のテキサス州ダラスで暗殺されたことは、ショッキングな映像と共に記憶に新しい現代史ですね。

第35代ジョン・F・ケネディ

河添：「セントラルリサーチセンター」というサイトに出ている内容らしいですが、リンカーンとケネディの共通する点について興味深いこんな話があります。

簡潔にまとめてみました。

リンカーンは1860年に大統領に選ばれます。ケネディはその100年後の1960年に選ばれ、議員に選ばれたのも1847年と1947年で100年後。

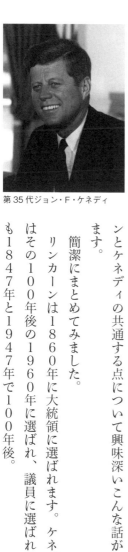

両大統領は妻の目の前で金曜日に暗殺され、後を継いだ大統領は2人ともジョンソンで、1808年生まれと1908年生まれ。リンカーンの秘書の1人はケネディで、ケネディの秘書の1人はリンカーンだった。リンカーンを暗殺したジョン・ウィルクス・ブースは1839年生まれで、ケネディを暗殺したとされるリー・ハーヴェイ・オズワルドは1939年生まれ。

100年の差がある2人の大統領暗殺者は、両者とも裁判にかけられる前に殺害された、といった内容でした。悪魔の仕業《しわざ》か偶然か……。この2人の暗殺者については、本物の犯人ではない、ヨーロッパに逃れたあと、死去したなどの説もありますが、いずれにせよ事実は小説より奇なりですね。

アメリカの大統領が「お金の話」に踏み込むことが、生死に関わる究極のタブーであることは間違いなさそうです。

アメリカに巣食ったグローバリスト

馬渕：アメリカは民主主義の国だと我々は洗脳されていますが、実は違います。「影の国家」としてのディープステートが存在していて、彼らがアメリカの大統領のキングメーカーになってきました。ディープステートは政治の舞台には立たず、その時々で自分たちの利益につながる都合のよい政治家を応援して、大統領にしてきたのです。

キングメーカーを続けてきたのですから、「真の支配者」という意味で捉えるべきでしょう。トランプ大統領の前のオバマ大統領まで、そうやってディープステートが大統領候補を選んできました。すなわち、国民はラバースタンプを押すだけ。彼らからすれば民主党・共和党、どちらの候補が大統領に選ばれてもよかったわけです。

それから、ディープステートはアメリカの国内問題だと思っていますが、そうではありません。日本の学者も99・9％までアメリカのディープステートをアメリカそのものだと認識して議論していますが今、河添さんが紹介してくれた暗殺または暗殺未遂に遭った歴代大統領の演説内容からわかるように、ディープステートはあくまでアメリカという国の中に巣食っているグローバリストたち、つまり国際金融資本勢力なのです。序章でもお話ししましたが、金融というものの性格上、国境は邪魔です。世界統一を目指す「ワンワールド」勢力と言ってもいいでしょう。

河添：ワンワールド勢力の国際金融資本家が、ディープステートということですね。しかも、ユダヤ系左派が大多数を占めていることも特徴だと。

馬渕：はい。これこそが大変に重要なことですが、世界の学者は誰もこのことに触れません。なぜかといえばディープステートが握っているものの中には教育界、言論界、それから学界すなわちアカデミィズムもあります。彼らに逆らったら……。

河添：出世できません（笑）。

馬渕：そう。大学教授の椅子そのものを失うということです。

河添：万年ヒラか窓際族、もしくはクビ。

馬渕：そういう監視の目が張り巡らされているんです。司令塔という表現が的確かどうかは別としてまさにディープステート、影の国家です。政界ではネオコン、議会もある意味で彼らの手足だったのです。

ところが、トランプのような型破りな人が登場したことで、彼らの思う通りにアメリカを動かせなくなった。ホワイトハウスなり、アメリカ政府全体をね。

FBIとメディアの結託

馬渕：100年と少し前、アメリカの金融がディープステートの手に落ちたあと、最高裁判所の判事に人員を送り込むことで、ディープステートはアメリカの司法を掌握する手掛かりを得ました。以降、徐々に本来、公平中立であるべき司法が彼らの手に落ちました。現在の問題に触れますと、ロシア疑惑捜査です。ＦＢＩのロバート・モラーという特別検察官がいわゆるロシア疑惑を捜査して……。

河添：２０１６年のアメリカ大統領選挙におけるトランプの当選に、ロシアが関わっていたとする疑惑ですね。

馬渕：はい、そのロシアゲートやらでトランプを追い詰めようとしましたが、結局できなかった。それだけの証拠がないからです。２０１９年3月末にモラー特別検察官の報告書が提出されましたが、司法長官が発表した内容に、トランプ陣営が大統領選挙中にロシア側と共謀して選挙を有利に進めようとした証拠はないと断定しました。司法妨害についても、疑いはあるが訴追することはしないとするもので、トランプ大統領の全面勝利に終わりました。

最近はディープステート側が追い詰められてきて、なりふり構わず「トランプ降ろし」をしています。それが毎日のように噴出するワシントン・ポストやニューヨーク・タイムズのトランプ批判の記事なんです。大メディアもディープステートの一員ですから。

ＦＢＩが現職の大統領を訴追するという、いわば「国策捜査」がなぜ行われるかというと、

FBIの中にディープステートのエージェントがいるからです。1972年に、ウォーターゲート事件が起きました。共和党が民主党本部に盗聴器を仕掛けていたという事件から発して、時のニクソン大統領が辞任に追い込まれた事件です。当時のFBI副長官、マーク・フェルトという男が「ディープ・スロート」と言われていたでしょ。

第37代リチャード・ニクソン

彼が政権内の機密情報をワシントン・ポスト紙のボブ・ウッドワードなどに流していたわけです。フェルトは「ニクソン政権が嘘をついているから、自分は機密情報をメディアに渡した」と、本来は犯罪である機密漏洩《ろうえい》行為を正当化していましたが、少し考えれば我々一般人でもそれはおかしいってわかります。

もし、ニクソン政権が本当に不正を働いていたら、堂々と正面から挑戦してそれを暴くこともできたはずです。それをわざわざ正面からやらずに、情報を漏洩させる形でメディアにやらせたところが、ウォーターゲート事件のミソなのです。だから、私に言わせれば、あれもフェイクですね。

ニクソン大統領は、いろいろな周辺事項で責められて辞任まで追い込まれましたが、そういうことのためにディープステートはメディアを使うわけです。それが可能な理由は、司法の中にディープステートのエージェントがいるからです。

河添：エージェントという意味では、20世紀初頭、ロシアやポーランド、ウクライナからハルビンや上海などを経由してアメリカへ移住したコミンテルン思想のユダヤ人は多かったようですからね。ここで少し面白い統計を見つけましたのでご紹介します。

ＮＹのロシア人の亡命団体である「ユニティ・オブ・ロシア」が１９２０年に「ソ連の支配者たちの人名録」を出版したそうです。それによる、当時のソ連政府の各委員会に占めるユダヤ人の数及びパーセンテージです。

人民委員会……23人の中の17人（約77％）がユダヤ人
財務委員会……30人の中の24人（80％）がユダヤ人
司法委員会……21人の中の20人（約95％）がユダヤ人
社会委員会……６人の中の６人（１００％）がユダヤ人
新聞記者……41人の中の41人（１００％）がユダヤ人
労働委員会、教育委員会、地方委員会なども大体同じような構成比率です。唖然《あぜん》というか爆笑というべきか。これがソビエト連邦だったということです。

この情報は『日本人に謝りたい　あるユダヤ人の懺悔《ざんげ》』（モルデカイ・モーゼ著、久保田政男訳、沢口企画刊）の中に載っていました。1979年に日新報道から刊行された、復刻版です。著者モーゼさんの父親は、ロシア革命で指導的役割を果たし、レーニン没後はドイツへ亡命したそうです。ウクライナ生まれのモーゼさんは、ベルリン大学で政治学などを学び、国際連盟労働局で極東問題を担当し、ハルビンを経て上海でサッスーン財閥の顧問をしていた頃、日本の国体、神道などを研究されたとか。

馬渕大使がおっしゃっている、ロシア革命がユダヤ人による共産主義革命であることの証明にもなりますが、アメリカでも同じ民族、同じ思想の方々が、FBIやメディアなどで結託してきたことは容易に想像がつきます。メディアよりもプロパガンダと言うべきでしょうね。

馬渕：モーゼ氏の著書に少しつけ加えれば、ボルシェビキ政権の最高指導部メンバー10人（ウラジミール・レーニン、レフ・トロツキー、モイセイ・ウリツキー、グレゴリー・ソコリニコフ、レフ・カーメネフ、グリゴリー・ジノヴィエフ、ヤーコフ・スベルドロフ、フレックス・ジェルジンスキー、ヨセフ・スターリン、アンドレイ・ブブノフ）のうち、スターリンとブブノフを除く8人がユダヤ系なのです。レーニンも2分の1はユダヤ人です。まさに、アメリカもそういうことなのです。ロシアゲートを追っかけてきたのはディープステートの意を受けたFB

Iでしょ？　モラー特別監察官を任命したのはローゼンシュタイン司法副長官で、この２人はディープステートの成員です。もっとも今は、ＦＢＩ内部でもユダヤ系のディープステート派と、非ユダヤ系とが権力争いを繰り広げていると思います。ただ、お話しされたモーゼさんのような方もいますし、第1章で河添さんがお話しされた、トランプさんが信奉したユダヤ人で愛国者のロイ・コーンさんのように、真逆な人も存在することを忘れてはいけませんが。

河添：モーゼさんは、「戦前の日本にユダヤ人が思い描く理想社会が存在していた」とまでおっしゃっています。

馬渕：我々は、子どもの頃から学校で三権分立が素晴らしいものだと教え込まれています。だから司法に関しては、「最後は司法が決める」という共通認識のようなものがあります。司法の独立が守られなければならない。誰が言い出したのかは知らないけれど、そうなっていますね。日本の学者も皆そう言っています。しかし、これは危険です。

アメリカでは、ＦＢＩの幹部の多くがユダヤ系です。日本では検察に当たる機関です。それからアメリカの弁護士も大多数がユダヤ系です。裁判官も同じく。ということは、アメリカの司法は歪んでいます。裁判の結果を見てみたらわかりますが、ユダヤ系の関係者に有利な判決が出るのが常です。

これは私がすべての証拠を持っているわけではないのですが、ユダヤ系の企業はだからあまり訴追されません。一方で、日系の企業とかユダヤ系ではないアメリカの企業は、時々小さなことを捉えて訴追されています。

河添：セクハラとか。

馬渕：セクハラもそうです。その大半は典型的な嘘。１９９６年に有名な米国三菱自動車のセクハラ事件がありました。

現地を最初に直接取材した日本人ジャーナリストである元産経新聞の髙山正之氏から教えてもらったのですが、セクハラ疑惑は米政府機関の雇用機会均等委員会（ＥＥＯＣ）がでっち上げたものでした。米政府、メディアが共謀して、三菱自動車のみならず日本をセクハラ国家と誹謗《ひぼう》する報道を垂れ流しました。結局、勝ち目がないと判断した三菱側は49億円の和解金を脅し取られたのです。

河添：でっち上げられ、お金を奪われ、散々な目に遭った三菱自動車セクハラ訴訟ですが、不買運動を始めたのは民主党の女性議員たちでした。その中心的な1人はユダヤ系で親中派のダイアン・ファインスタイン上院議員です。彼女がサンフランシスコ市長だった時代から長く補佐官をしていたのは、中国系アメリカ人のラッセル・ロウという男で、２０１８年になって、中国のスパイだったこと、ロウの正体が周囲にバレた際にも懲罰はなく解雇だけだったことなどが公になりました。

馬渕：1999年には、「ノート型パソコンのフロッピーディスクのコントローラーに不備があり、データが壊れてしまう可能性がある」と東芝が集団で訴えられて、なんと同パソコン所有者に総額1100億円支払うことで和解しています。

最近では、2014年に問題になった日本製エアバッグ爆発事故というのも、日本のメーカー、タカタがはめられたんです。しかも、何億ドルもの懲罰的賠償を払わされました。そのお金がどこへ行ったかといえば、原告も大雑把にはディープステートの構成員でしょうから、ユダヤ系の弁護士事務所に流れるわけです。

ダイアン・ファインスタイン

河添：その後、献金という形で議員の選挙資金に化けたりするんですよ。まったくとんでもない話です。

裁判という公器で、失墜させたい人物や企業を追い込み、しかも錬金の手段にする。これは中国共産党や韓国もその方法をそっくり真似ています。悪行をパクるのが、彼らの流儀です。本当に似た者同士ですねぇ。

ディープステートを隠してきたディープステート

馬渕：ディープステートの存在に世界の多くが気づけないように強《し》いる、これに関してはメディアの役割が大きいわけです。言論の自由だとか、報道の自由とか、権力の監視機関だとか、メディアは盛んに主張しますが、それらはあくまで彼らの都合で、身勝手に使っています。そこに我々は気づかなければなりません。

河添：日本とポーランドとの1世紀の関係を取材している際に、戦時中の神戸新聞を読む機会があったのですが、ユダヤ金融とかサッスーン財閥とか、フリーメーソンとか、そういった単語が紙面を踊っていました。神戸や横浜はユダヤ人もわりと多く住んでいましたが、戦時中の日本はジャーナリズムが進んでいたなぁなんて思ったりして。

馬渕：終戦前は結構、ユダヤ人が日本にいましたね。

河添：「中国国民党の総裁たる蔣介石《しょうかいせき》にはサッスーンからの援助で……」などの具体的な記述には痺れました（笑）。

ところが戦後は、ユダヤ人という存在を口にすることがどこかタブー視されてきた感じがありますね。これは私の勝手な考えなのですが、アウシュビッツに象徴される悲惨すぎるジェノサイドによって、「ユダヤ人は被害者」との雰囲気が形成されてしまったからではないかと。もちろん、その史実を否定するつもりはまったくありませんが、「ユダヤ人」の中には加害者側というか戦争を仕掛ける側にもいたわけですが、一緒くたにタブー視することで、存在をカモフラージュしたというか。

馬渕：その通りだと思いますよ。それは非常に重要な指摘でね。そもそもGHQ（連合国軍最高司令官総司令部）民政局次長のチャールズ・ケーディス大佐はユダヤ系でしたから。マッカーサーは知らなかっただけでね（笑）。

ユダヤ系左派を中心としたGHQが日本で何をしたかっていうと、日本を社会主義化しようとしたわけです。でも、それは結果的には失敗したんですが。

それと今、河添さんがおっしゃった通り、戦前はユダヤ研究が普通に行われていました。ユダヤ関連の本も幾つも出ていました。ところが問題は、肝心の当時の日本政府がなかなかそれに気づかなくて、ルーズベルト政権と同様、コミンテルン（共産主義インターナショナル）のスパイに、好き勝手にやられていたわけです。

河添：有名なところでは、リヒャルト・ゾルゲや近衛文麿《このえふみまろ》内閣のブレーンとなった尾崎秀実《おざきほつみ》がいましたね。

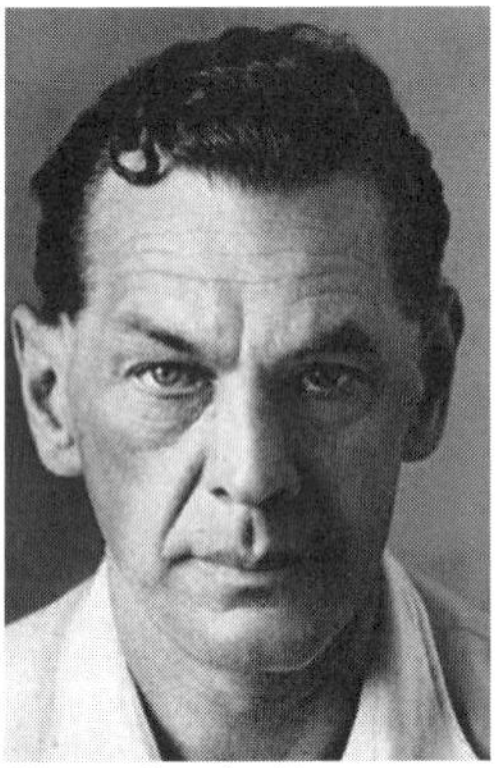

リヒャルト・ゾルゲ

尾崎秀実

馬渕：当時から、こういったスパイの存在を見抜いていた民間人もいましたが、政府は見抜けなかった。なぜかといえば、政府の中にも共産主義を支援する連中がいました。スパイは軍部、統制派などにも入り込んでいたわけです。

これらの事実は、少しずつ明らかになっています。だから、いわゆるコミンテルンのスパイに籠絡《ろうらく》されていたのは、ルーズベルト政権だけでなく、日本の政権もそうだということが最近、ようやくわかってきているんです。

ところが問題はそこから先なんです。歴史修正主義者は世に若干いますが、私が承知する限り、どうもそれは眉唾物《まゆつばもの》です。日本の言論界、評論家の多くが「第二次世界大戦は誰の責任か」という議論に終始しています。そして、「諸悪の根源はコミンテルンだ、スターリンだ」というところで止まっています。

コミンテルンだけで、当時のことを説明しようとする説には限界があります。誤りと言ってもいいくらいですが、そのコミンテルンの背後に誰がいたかまでは言わない。だって、コミンテルンなんか、お金がなかったわけですから。

河添：援助があってこその活動家であり組織ですから、先立つものがないとダメですよね。

馬渕：そもそもソ連自体、援助がないとやっていけない国なんです。ましてやコミンテルンなんて、お金なしでまともな活動ができるはずもありません。では、誰がその資本を出したかといえば、ウォール街やシティが出したわけです。つまり、左派のユダヤ系が出していました。これは別に秘密でも何でもありません。

ということは、ソ連ないしコミンテルンのスパイにアメリカがやられたのではなく、そもそもアメリカ国内にスパイの元締めがいたわけです。ソ連がアメリカに派遣していたスパイの親玉はアメリカにいたと。加えて、アメリカにいるユダヤ人も、フランクリン・ルーズベルト大統領の周囲を占めていました。

第32代フランクリン・ルーズベルト

河添：ルーズベルト大統領だってユダヤ人ですからね。母方のデラノ家がそうですし、父方もそのようですね。

馬渕：ソ連やコミンテルンの背後にいたのが、アメリカやイギリスに巣食ったユダヤ系金融資本家たち、つまりディープステートだということがわかれば、世界の秘密は解けます。ディープステートが何をしてきたかを暴いていくことが、真実の歴史を知ることになります。私が理解する限りでは、河添さんの一連の発信が、歴史修正主義の真髄をついておられるんじゃないかという気がしています。

河添：ありがとうございます。だから多くの人に嫌われていると思います、私（苦笑）。

共産主義は世界の富豪たちが創った

河添：アンソニー・J・ヒルダというアメリカ人で、作家で活動家の方がいらっしゃいます。「9.11 Truth and new world order theory」で、NYで起きた同時多発テロに関しても衝撃的な内容を発表している方です。

このヒルダさんが「共産主義は銀行エスタブリッシュメントを打倒するための大衆の創造物ではない。それは大衆を打倒し、奴隷化するための銀行エスタブリッシュメントの1つの創造物である。共産主義はモスクワ、北京、あるいはハバナによって運営されているのではない。それはロンドン、ニューヨーク、そしてワシントンD.C.によって運営されている」とご自身のブログに書いています。

馬渕：河添さんがこういう内容を皆さんに紹介していただけるのは、非常にありがたいことです。この資料は、ロシア革命の正体を的確に表しています。

我々が知っている最初の共産主義革命はロシア革命ですね。ソ連共産主義は、アメリカのような資本主義を叩くためにできた、というロジックです。そして我々は「共産主義と資本主義は不倶戴天《ふぐたいてん》の敵だ」と洗脳されてきました。でも、そうではないってことをヒルダさんはおっしゃっていますね。ロシア革命は「資本主義の最終段階として共産主義がある」という理論に基づいて起こされた革命で、なおかつ「ソ連共産主義を創ったのは、世界の大富豪たち」なのです。

私は『国難の正体』（ビジネス社・２０１２年）でも書いていますが、世界の大富豪はコミュニスト、共産主義者なんです。「共産主義」というと、古典的というか狭い意味での共産主義ばかりが頭にあるから、「そんなはずはない」という拒否反応が返ってくるんですが、実はそうではありません。共産主義は端的には「世界統一思想」です。その意味では、共産主義というのは、アメリカやヨーロッパの国際金融資本家たちが世界を支配するためのイデオロギーの１つに過ぎません。

彼らは20世紀の最初、あるいは半ば過ぎまでは、１９１７年にソ連を誕生させた10月革命、別名ボリシェビキ革命のような暴力的な共産主義革命で、世界をなんとか統一しようと考えていたんです。

　ところが、それは上手くいかなくなった。じゃあ今度はどういうやり方で世界を統一するか。そこで出てきたのが、グローバリズムです。私はそれをわかりやすく「グローバル市場化による世界統一」と言っています。我々が日頃よく耳にする「グローバリズム」というのは、「共産主義（コミュニズム）」の今日的表現です。今、ご紹介いただいたお話は、まさにそれを指摘しています。

世界の1％が82％の富を掌握

河添：国際ＮＧＯのオックスファムが２０１８年に発表した統計では、世界の富の82％が1％の富裕層に集中しているとのことです。究極の富裕層というのは、オックスファムなどの調査によると70～80人程度とされています。それだけ富を持っている人は、さらに富を持ち、格差がそれ以外の人たちと広がっているわけですね。
馬渕：富の集中度は、２０１７年から格段に進んでいますね。２０１８年でそうした状況だということは、2019年にはさらに進む危険性があるわけでしょ？

世界の1％が82％の富を掌握しているということは、我々はその1％以外に属するわけですから、99％の人類が世界の富のたった18％しか持っていないということですよ。いかに微々たるものであるか！

河添：日々、一生懸命働いているのに！

馬渕：逆にいえば、その統計はいみじくもディープステートが推進しようとしているグローバル市場化のあるべき姿をピタッと言い当てています。グローバル市場がどういうものかというと、おそらく1％よりもっと少ない、たとえば0・1％の人たちが世界の富のほとんどを所有するという世界です。

これに関しても、私が序章でも名前を出しましたヨーロッパのヘンリー・キッシンジャーとでも言うべきジャック・アタリが予言していますよ。「グローバル化した世界市場では、一握りの大富豪がすべてを支配する」と。

そんな予言は実現しないことを私は期待していますし、現代を生きる我々がそのような未来にならないようにしなくてはならないんですけれどね。これはビジネスのルールだけの話にとどまりません。世界政府を創るということなんです。ディープステート、つまりグローバリストのための政府です。

アタリの著書『国家債務危機――ソブリン・クライシスに、いかに対処すべきか？』（作品社・2011年）に記されていますが、世界で1つの通貨ができる。共通通貨を発行するんだから、世界で1つの中央銀行ができる。

それから、「財務機関」とアタリは表現しているんですが、世界全体の予算を決定する1つの政府を創るってことなんです。

ところが、こういうことを言うと「陰謀論だ」とか「トンデモなオタクの議論だ」といった反論が出がちですが、ちゃんと公言されています。

また、アタリは自著『21世紀の歴史――未来の人類から見た世界』（作品社・2008年）の中で、「今の世界の現状はいたってシンプルであり、市場が最大の権威になった」と記しています。その市場が何かも明確に書いています。それは「マネー」だと。ということは、もう皆さんもおわかりかもしれませんが、「マネーを支配する者が世界を支配する」という意味のことを、アタリは言っているわけですね。

新たな権威としての「世界統一政府」

馬渕：もう亡くなりましたが、デビッド・ロックフェラーは『ロックフェラー回顧録』（新潮社・２００７年）でこう言っています。「自分は世界の仲間たちと一緒に、１つの世界を創るために働いてきた」と。「アメリカ人と一緒にやってきた」とは言っていません。だから我々は、彼の発言の真意に気づかなければなりません。

ロックフェラーも、そのマネーを支配してきた中の１人でしょ？　マネーを支配している人々、つまりマネーという富を多く持っている人たちが集まって、１つの世界を創ると２人とも宣言しています。

デビッド・ロックフェラー
©picture alliance/アフロ

だから、彼らの戦略は我々の目の前に突き付けられているわけです。ただ、彼らはそれを突き付けながら、一般の我々が本当の意味に気づかないよう、メディアとか学者とかを通じてコントロールしています。

河添：「グローバリズムは素晴らしい」「ナショナリズムは偏狭な右翼」って具合にね。

馬渕：そうです。「グローバル化した世界は素晴らしい世界だ」といった具合に喧伝し続けてきたわけです。その結果、多くの日本人も今や世界は1つというグローバリズムの信奉者になってしまっています。

河添：日本人の大多数は非常にドメスティックなのに、グローバルは素晴らしいと勘違いしています。自己矛盾に気づいていないんです！　国体にも合致しませんよ。

馬渕：そうそう。我々日本人の伝統的な発想とグローバリストの発想とはまったく違う。180度違います。

河添：ロックフェラーさんは「自分は世界の仲間たちと一緒に、1つの世界を創るために働いてきた」と言っているわけですが、頭にふと浮かんだのは、「ビルダーバーグ（Bilderberg）会議」です。ディープステートが多数関わっている会議なのかなと。

馬渕：自らが秘密結社に属していたことを、ロックフェラーは告白していますが、このビルダーバーグ会議はその1つですね。秘密結社というといかにも陰謀の匂いがするのですが、「会員限定クラブ」という意味なら、私たちに馴染みのある組織も少なくありません。

河添：1921年に外交問題評議会（Council on Foreign Relations：CFR）が発足し、1954年から、ヨーロッパの王族貴族、政官財トップら130名ほどが集まる非公開の組織として、ビルダーバーグ会議が始まりました。

北米やヨーロッパの各地で年1回会合を開いて、政治経済や環境問題などさまざまな国際問題について討議したり、アメリカ大統領の選抜過程や大統領の顧問団、政策まで左右するとされます。王立国際問題研究所などとも、メンバーが重複しているようです。日本人は入れてもらえないようですが。

馬渕：いわばシンクタンクですが、日本人がメンバーに認められているのは三極委員会(Trilateral Commission：ＴＬＣ)しか思いつきませんね。

河添：ビルダーバーグ会議が、日本の受け入れを拒否していて、かろうじて三極委員会に仲間入りってことですね。馬渕大使には釈迦に説法ですが、こういった団体には、ロックフェラーが資金を提供していたり、ロスチャイルド系が深く関与しています。

ディープステートと、これらの非公開かつ排他的な会議は、メンバーもかぶりますし連動していると推測しますが、悲しいかな、日本の主体性など怪しいもので、世界のエスタブリッシュメントらに動かされる国家であることが容易に想像できます。

馬渕：安倍首相がいくら頑張っても、日本の場合は経団連のメンバーはもちろん、自民党の大多数の政治家もグローバリズムにどっぷりと浸かっています。だから、日本政府が実際にやっていることは、内政面においてはグローバリズムの政策なんです。
世界の富裕層に富が集中するのを助けるような国内政策を自民党の重鎮たちが推進しているというのが、今の日本の状況なんですね。

河添：だから、超格差社会になっているわけです。

馬渕：もちろん。先ほどの統計の通り、1%の人が82%の富を押さえているって、強烈な格差社会でしょ。それがこれからもっとひどい格差社会になるということです。

僕はジャック・アタリを学者としても、人間としても、それほど信用しているわけではないけれど、ディープステートの計画を彼が述べているという視点で読むと、彼の本は今後の世界の方向を占う上で参考になります。

では、いわゆるグローバル市場になったらどういう世界になるかも、彼は逆説的に言っているんですね。「そこでは紛争が絶えなくなってくる」と。格差がさらに拡大して、持てる者と持たざる者との血みどろの紛争が起こるわけです。

するとその後、世界はどうなるか？

人類はその紛争を抑えてくれる権威を、つまり世界に秩序をもたらしてくれる新たな権威を必要とするようになる。その権威は何か？

アタリは、２０１１年頃からずっと、テレビインタビューや講演会などで答えを言っているんですが、それが「世界統一政府」なんです。

つまり、そんな「乱れた世界＝グローバル市場」よりも強権的にしろ、治安の安定化をもたらしてくれる政権の方がいいと。たとえそれが独裁政権であっても。これは我々の性《さが》でもあり、弱みでもあるわけですよね。だから彼らはそういう世界を想定しているわけです。

第3章

アメリカ左派と中国共産党の蜜月と転機

国家主権を取り戻すための政権

河添：「トランプ政権は、国家主権を取り戻すための政権である」。

２０１９年３月に緊急来日した、トランプ大統領の元首席戦略官及び上級顧問のスティーブン・バノンさんは、特別講演会で我々聴衆にこう語りかけました。まず、多くのメディアはトランプ大統領とバノンさんが喧嘩《けんか》別れしたなどと報じましたが、私は違うとみていました。実際のところ、「トランプ大統領の元側近」という肩書で、フリーハンドでトランプ政権の広報マンをしている、自由に世界を飛び回っている、そういった印象でした。

何よりこのバノンさんの言葉を、国会議員の先生方、メディアを含め会場の聴衆がどのように捉えたかわかりませんが、私は「ディープステート、そしてこの30年あまりは中国の〝赤い毒牙〟にもアメリカの主権が脅かされてきたけれど、トランプ政権は容赦しない。徹底的に戦う」と宣言したのだと解釈しました。

アメリカの政治や軍、企業、アカデミックの中に、中国共産党的な思想と方策が人材を含め深く刺さり込んでしまった状況への危機感です。

２０１８年10月４日のペンス副大統領によるハドソン研究所での演説も、中国の浸透工作の危険性について具体的に述べていますが、バノンさんの講演もそれと呼応する内容でした。

21世紀に入り、コミンテルンが北京テルンに化け、勢いを増してきました。習近平国家主席も、コミンテルンの黒幕、すなわちディープステートからお墨付きを貰うことで、国内の権力闘争にも打ち勝ち、現在の地位に就いたと私はみています。そう解析する理由はいくつかあります。

ベルリンの壁が崩壊して、東欧諸国が90年代に次々と民主化する中、中国共産党は中国にゴルバチョフ的な党員は不要、人民解放軍を党が支配する構造を変えない、エスニック・クレンジングの強化など、民主化とはまさに逆方向へと舵を切っています。

その最中の１９９７年９月の第15回中国共産党大会で、習近平は中央委員候補のほぼ最下位で滑り込みます。具体的には序列１位から数えて３７０番前後に昇格します。

スティーブン・バノン

馬渕：中国共産党の党員総数はどれほどですか?

河添：近年の数字になりますが、以前より増えていて９０００万人近くいます。中央委員会委員と中央委員会候補は合わせて３７６名前後で、「中央」とは北京を意味します。同年、中国共産党は、「マルクス・レーニン主義、毛沢東思想、鄧小平理論を行動指針とする」ことを明確に規定しています。

翌年の1998年から、習近平は北京の名門、清華大学人文社会学院のマルクス主義理論・思想政治教育を専攻して2002年に卒業します。

同大学は、孫文《そんぶん》が中華民国の建国を宣言した1911年に、「アメリカの左派の手足となる中国人を養成するための留学予備校」として開校した清華学堂を前身とします。

習近平は、革命第一世代の共産党幹部の父親を持つ息子という立場で1975年に清華大学に入り、化学工程学部卒との学歴を持っていましたが、中国共産党内の序列を上げることはもちろん、北京テルンとしての頂上決戦に備え、この時期に一種の学歴ロンダリングをしたのでしょう。

日本を含む世界が、「中国もいずれ民主化する」「中国も豊かになったら日本のようになる」とのプロパガンダに脳天気に騙されていた改革開放政策の時代に、福建《ふっけん》省に着任していた習近平が、マルクス主義理論・思想政治教育を専攻したわけです。マルクス主義が何を意味するか、馬渕大使には釈迦に説法ですが。

馬渕：なるほど。ディープステートがソ連は崩壊させたけれど、中国については21世紀もグローバリズムの旗手として育てようとしていた、ということですね。

河添：はい、そして党内で370番前後だった彼の序列は、10年後の第17回党大会で6位にまでロケット出世して、総書記に王手をかけました。彼が本当に大学の授業に通ってマルクス主義理論を学んでいたのかどうかは、私でなくともチャイナ・ウォッチャーは「?」と考えていますが、通信制だったとの記述も散見します。彼の論文を手助けしたと噂される類いの人が、習近平政権で昇格してきたのも事実です。

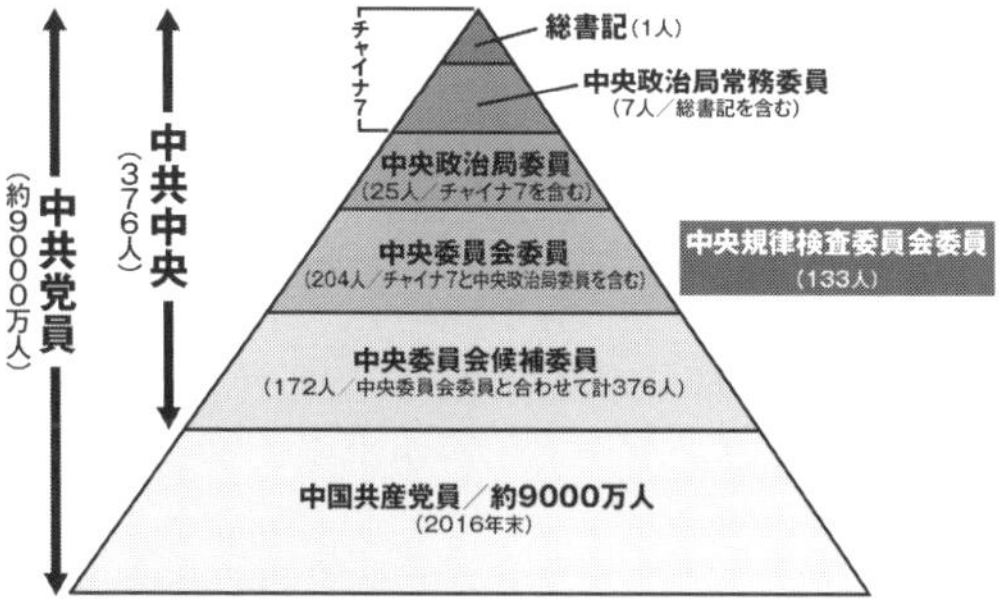

中国共産党の権力構造

習近平

すなわち習近平が中国共産党の頂点、総書記に昇格した背景として、ユダヤ系左派の世界の権力者とのコネクションを強化し、かつての毛沢東などと同様、国際金融資本家らに選ばれたのではないかと。そして習一族は、やり手の姉夫婦を中心に錬金しながら、国内外の権力者層に擦り寄り、貢いだり利権を共有したりしながら、習近平の出世を一族で後押ししてきたのかなと。

詳細は割愛しますが、世界の首脳陣や経済人らによるタックスヘイブン（租税回避地）の利用実態を暴露した通称、「パナマ文書」が2016年4月、国際調査報道ジャーナリスト連合

（ＩＣＩＪ、本部・米ワシントン）に公開されました。その際、習一族の黒色とも灰色ともいえる資産隠しや運用の一端も暴露されています。

その内容は、「習主席の長姉・斉橋橋《せいきょうきょう》の夫の鄧家貴が、２００４年に英国領ヴァージン諸島にオフショア・カンパニーを設立し、その後、登録を抹消」「２００９年９月に

（左より）習近平、弟・遠平、父・仲勳元副首相

別の２社の転売用会社の単独の取締役兼株主になったが、２０１３年に国家主席に昇格する時までに２社は休眠状態になった」など。

この時にも「姉夫婦による迂回資金が、習近平の出世のための政治資金として使われた」との見方が出たわけですが、私もそのように考えました。中国共産党内部がそうですが、「ポジションをお金で買う」との表現があり、出世のためには巨額な資金が必要で、人脈とカネはセットですから。国内外のビジネスで得た巨額な資本をマネーロンダリング（資金洗浄）してばらまいてきたのでしょう。

馬渕：国際金融資本家が、習近平らに白羽の矢を立てたのではないかという今の河添さんのお話は非常に面白いですね。第２章でお話ししましたように、ディープステートはいわゆるキン

グメーカーとして、ウィルソンからオバマまでのアメリカの大統領を決めてきた歴史があります。トップを選ぶ構図として、アメリカも中国も同じパターンだということですね。

河添：そうではないかと。トランプ政権が船出したあとの2017年11月からの第二次習政権は、マルキスト政権であることすら隠さなくなりました。特に序列5位に昇格した元学者の王滬寧《おうこねい》は、どの角度から精査しても超マルキストで、世界を赤く染める工作を長年担って昇格してきた1人です。

民主主義も幻想

河添：習近平主席と同じ匂いでいえば、アメリカのオバマ元大統領、ドイツのアンゲル・メルケル首相、カナダのジャスティン・トルドー首相、そしてフランスのエマニュエル・マクロン大統領あたりでしょうか。

馬渕：おっしゃる通り、マクロンはヨーロッパ随一の財閥であるロスチャイルド家、なかでもフランスのロスチャイルド家の子飼いです、言い方は悪いけどね（笑）。それから、メルケルさんは、いろいろな説があるけども、あの方は東ドイツ出身ですからね。

河添：一応、牧師の子どもということになっていますけど、あれこれ噂はありますね（笑）。

馬渕：ナチス・ドイツのアドルフ・ヒトラーに顔が似ているとかね。そっくりでしょ？

河添：旧ソ連国家保安委員会（ＫＧＢ）が流したのか、「冷凍精子でできた子ども」との噂も流布していますが、当時、その手の技術があったのか？　ヒトラーは１９４５年に死んでいないという説も存在します。とにかく顔が似すぎです。チョビひげつけたら……。

馬渕：少なくとも、外交実務をやってきた私の勘からいって、東ドイツ出身者がいわゆる旧西ドイツが圧倒的に優勢な統一ドイツの政権を担うのは普通、考えられないことですよ。すなわち、メルケルさんが首相に選ばれたのは、世界のキングメーカーが彼女を選んだのだという気がしますね。

チョビひげをつけられ雑誌で揶揄されるメルケル首相
©Reuters/ アフロ

若い頃のヒトラー

河添：欧州グローバルの旗手としてですね。イスラム圏の移民、難民を怒涛《どとう》の如く受け入れたことで、ドイツはもちろん、フランスはじめ西ヨーロッパの治安は滅茶苦茶になったわけですが。

それからカナダのトルドー首相も、キューバのフィデル・カストロ議長の子どもとの噂が、スペイン語圏から噴出しましたね。英字メディアにも相当出ていますが。確かにトルドー首相は、若い頃のカストロ議長とそっくりです（笑）。

馬渕：キングメーカーが国家の指導者を決める、そういった意味では、アメリカの民主主義だ

若い頃のフィデル・カストロ

ジャスティン・トルドー

けでなく、世界の民主主義も幻想と言っていいでしょうね。メルケルさんが政権を担当するようになった経緯も、おそらく似たようなものなのでしょう。そういう意味では、河添さんがおっしゃったように習近平もそうなんでしょうね。

河添：もちろん、最高指導部を引退した長老らによる推薦や共産党内部での選抜がありますが、彼ら紅軍（中国工農紅軍）は、中華人民共和国の建国前から国際金融資本家の資金援助を受け、ボルシェビキ、すなわちユダヤ系左派の活動家らの指導を受けてきたのですから。

馬渕：国際金融資本家の手足となったボルシェビキと紅軍の関係は、今日まで続いてきたということですね。

河添：はい。習近平は父親の共産党内での地位、その手の

人脈、身長、外見などを含めて、わりと早い時期から、次世代のリーダー候補の1人になったのだと私は見ています。

習近平は身長が180センチとそこそこ高く、最近は刻一刻、悪相になっていますが、若い頃は好青年に見えたはずです。この10数年は「くまのプーさん」みたいに太目のままですが、それを本人が気にしているからか、中国のネット空間では、「くまのプーさん」はタブー用語になっているようですが。くまのプーさんの方が一緒にされるのは可哀そうですよ（苦笑）。

それと、私がよく講演会で語っていることですが、「中国共産党の最高幹部には、背が低い人、ハゲている人はいませんよね？」と。増毛か植毛かズラで、しかも真っ黒です。

馬渕：確かに。

河添：習近平にしても、年齢に逆行していますよ。10年前より髪の毛が何十倍にも盛り上がっていますから、増毛かな？　髪の毛は誤魔化せるのでしょうけれど、身長はシークレットシューズを履いても限界があります。中国は究極の見てくれ社会です。

米中首脳会談で、190センチのオバマ大統領やトランプ大統領と、たとえば165センチの中国首脳が握手していたら、ビジュアル的に二大大国の首脳には見えませんよね。そういったことを、中国は、おそらくアメリカもですがとても気にする社会です。頭脳は他から借りるか盗めばいいですが、身長はね。

鄧小平は小さかったわけですが、毛沢東による10年間の文化大革命後、人民解放軍を握った彼が事実上の最高権力者になりました。ただ、中国共産党の総書記でも国家主席でもありません。1978年、日中平和友好条約の批准《ひじゅん》書交換のために来日した際も副首相でした。毛沢東がスターリンに鄧小平を紹介した際、「彼はチビだが頭はキレる」と言ったことは有名です。

髪の毛と身長の話はさておき、チャイナ・ウォッチャーの多くは中国国内だけで権力闘争を語りたがりますが、それは辛亥《しんがい》革命前後からの1世紀の史実を紐解いても、相当に無理があります。

ただし、軍の掌握ができなければ国内において真の権力者にはなりえません。胡錦濤《こきんとう》国家主席は党中央軍事委員会主席の地位も受け継ぎましたが、10年間、前最高責任者の江沢民ら上海閥の傀儡《かいらい》政権で終わっています。

鄧小平

頭脳エリートでは、軍は握れないのです。それと、江沢民一派とクリントン夫妻を米中の中核とする資源・軍事利権の黒幕が、世界で絶大なる権力を持っていた全盛期のデビッド・ロックフェラーだったということでしょうかね。

中国共産党をハンドリングした秘密の任務

河添：中華人民共和国の建国前そして建国後も、中国共産党の政治や軍をハンドリングしていたユダヤ人左派の多くは、ポーランドやウクライナ、ロシアなどの出身者でした。その一部はアメリカへ渡ったあと、コミンテルンの手足として中国大陸に派遣されたのです。英語をまともに話せない工作員も多かったようですが、中国での秘密の任務に就きました。

建国後も、政治局員として引き続き中国支配に関わった工作員がいます。その1人はポーランド生まれでボルシェビキの息子のイスラエル・エプスタイン氏で、毛沢東政権で政府歳出予算大臣を務め、財政問題をハンドリングしました。彼の中国への関与は胡錦濤政権まで続いたとされ、中国でその生涯を終えています。

毛沢東の側近になった政治局員にはシドニー・ハピロ、シドニー・リッテンバーグ、フランク・コーなどの名前もあります。フランク・コーは、ロスチャイルド家が所有していたIMF（国際通貨基金）の理事でしたが、コミンテルンの地下組織メンバーだったことがバレて、1952年にIMFを辞めています。米財務省の役人だったソロモン・アドラーも、ロスチャイルド家の手足だった人物でしたが、この2人はエプスタイン同様、中国で生涯を終えています。

さらに驚きですが、２０１９年6月現在も存命の人物がこの中に含まれています。マオイスト（毛沢東主義者）で中国と中国語に魅せられたという１９２１年生まれのシドニー・リッテンバーグ氏です。中国に派遣された翌年１９４６年から、文化大革命が終わって帰国する１９７９年まで、毛沢東をはじめ共産党指導者らの側近だった人物です。もっとも、ソ連のスパイといった冤罪で、２度にわたり計16年間刑務所暮らしだったそうですが。

２０１２年にリッテンバーグ氏の人生を描いたドキュメンタリー映画『革命者（The Revolutionary）』がアメリカで公開されました。公開にあたってのトークショーで、元中国共産党員で91歳のリッテンバーグ氏は、「中国の生活は毎日が苦痛だった。1人きりですが、1人ではなかった。毎日そこに座って、そして気が狂いそうなあなたが私の前であなたを見ています。いつ気が狂ってもおかしくなかった」「2年毎に階級闘争が激しく行われ、一握りの人が犠牲になります。目的は残りの大部分の人を脅かすためです」「このシステムの中では、最高支配層の数人が、人々に何を見せ、何を聞かせるかを決めます。彼らは絶対的な権力を持ち、無産階級や労働者とはまったく関係ありません」などと語っています。

馬渕：まさに、この方がおっしゃっている通りです、共産主義というのはね。

河添：さらに、リッテンバーグ氏は、習近平の父親、習仲勲《しゅうちゅうくん》元副首相と知り合いで「延安《えんあん》のダンスパーティーに参加したことがある」と語っており、2015年9月に習近平が国家主席として訪米した際の2ショットの写真もあります。

帰国後は投資家らのコンサルタントをしてきたリッテンバーグ氏は、「福建省長だった時代の習近平に書簡を送り、アメリカの主要投資家らが損失を出していた発電プロジェクト契約の再交渉に手を貸すよう依頼した」「習近平が（リッテンバーグ氏の）息子を夕食に招き、まもなくよい形で合意が成立した」などとも語っています。

馬渕：ユダヤ系左派の元マオイストやその子息らと、中国共産党の幹部のつながりがわかる貴重なエピソードですね。

アメリカ左派と中国共産党の金融ギルド

河添：マオイストといった思想面から、ディープステートがこよなく愛する「マネー」でも、米中は結び付きを強めていきます。王岐山《おうきざん》国家副主席（前序列6位）などが長年メンバーに名を連ねる金融経済関係の重要なギルドがあります。清華大学経済管理学院顧問委員会という、2000年にできた顧問委員会です。

清華大学卒で金融畑の朱鎔基《しゅようき》が首相に就任した時代に設立した顧問委員会で、90歳を過ぎた今も名誉顧問ですが、王岐山もその後釜的な存在として名を連ねていました。その他、中国人民銀行前総裁の周小川《しゅうしょうせん》、前財務部長でＣＩＣ（中国投資）のトップを務めた楼継偉《ろうけいい》などの名前があります。

　毎年、多少の入れ替えがあるようですが２０１７〜１８年に名を連ねるメンバーを見ていたたくと、馬渕大使ならよくおわかりになるはずですが、アメリカ側はジョージ・Ｗ・ブッシュ大統領時代の財務長官だったヘンリー・ポールソン。この方は１９９９年から、ゴールドマン・サックスの最高責任者でしたね。そしてゴールドマン・サックスの最高責任者だったロイド・ブランクフェイン（２０１８年10月退任）、それからブラックストーンの２トップの１人、「世界一のマネー・マスター」などと呼ばれるスティーブン・シュワルツマン。さらにアップル、フェイスブック、アリババ、テンセント、シャープを買収した鴻海《ホンハイ》精密工業、そしてソフトバンクの会長などの名前が連なっています。

　米中貿易戦争の交渉で、矢面《やおもて》に立たされている劉鶴《りゅうかく》副首相の名前もあります。ハーバード大学行政大学院への留学経験がある彼は、第一次習政権からアメリカの財務長官のカウンターパートを務めてきた人物で、習近平に近いとされます。

ヘンリー・ポールソン

劉鶴

すなわち21世紀に入り、アメリカ左派の国際金融資本家と中国共産党指導部の中で選ばれた人物らが、清華大学経済管理学院顧問委員会を主軸にワンワールドの秩序を目指していったとみています。

その時代、2005年10月には失笑ものの失踪事件も起きました。「中国四大銀行の支店長・副支店長ら42人が香港経由で海外に集団逃亡。不正に持ち出された資金は、最低740億元と22・3億ドルに上る」と報じられました。香港金融機関の視察や研修を理由に、支店長らが各々のグループで香港に渡り、その後、国慶節の休暇と偽り海外に出国してそのままトンズラです。

馬渕：逃亡先は？

河添：オーストラリアやニュージーランド、カナダなどですが、逃亡者の家族の大半は現地で待機（笑）。金融官僚らによる組織的、かつ計画的犯行とされました。それ以前から「工商銀行、建設銀行、農業銀行、中国銀行の四大国有商業銀行の累計不良債権額は天文学的数字」とされていて、なおかつ金融エリートがごっそり持ち逃げ。日本の常識からすれば銀行マンではなく

〝経済犯罪者集団〟〝腐敗者集団〟でしかありません。

ですが、四大商業銀行の株式上場を目指していた中国は、アメリカの銀行に主幹事の担当を依頼するなど、手取り足取り指南してもらうことで株式公開こぎつけたのです。一体全体、どんなウルトラCを使ったのやら？

２００6年5月にゴールドマン・サックスから26億ドルの出資を受け、その他アメリカン・エキスプレス他から出資を受けて同年に上場した中国工商銀行は、以来、『フォーチュン』の世界企業番付「フォーチュン・グローバル５００」などでランキング1、2位が定位置です。それどころか、中国四大商業銀行すべてが上位10社に毎年ランクインしています。

不良債権は一体どこに？　人民元は中国に管理された通貨ですが、ディープステートに管理してもらっているのかと推測します。少なくとも米中の金融業界は〝灰色の癒着《ゆちゃく》〟をしています。新ディープステートもどきなのか、ディープステートがより儲けるための仕組みなのか、いずれにせよ国と国ではない「G2蜜月時代」の主役級が彼らだったと。

トランプ・ファミリーは、彼ら顧問委員会のメンバーとも知り合いのようですが、思想信条というか政治的な立ち位置がまったく異なると考えています。

馬渕：おっしゃる通りです。親しくないというか全然違うというかね。トランプ大統領は「ア

ピーター・ナヴァロ

ロバート・ライトハイザー

メリカ・ファースト」ですから軸足が違うんですよね。

河添：その上で非常に面白いのは、トランプさんが大統領になった時に、一応ご挨拶にうかがったのは、ここのメンバーなんですよね。アリババの馬雲《ばうん》（ジャック・マー）会長、鴻海の郭台《かくたい》銘《めい》（テリー・ゴウ）会長、ソフトバンクの孫正義会長。

馬渕：彼らの仲間ではないどころか、敵ですらあるトランプ氏に対するご機嫌うかがいのご挨拶ですね。

河添：この顧問委員会が米中関係の金融・経済の「数字」を取り仕切ってきたからこそ、劉鶴副首相が首相でもなく副首相という職位でありながら、アメリカとの貿易交渉でのフロントに立ち、トランプ大統領の執務室でもたびたび会っているのでしょう。

ただ、トランプ政権が新たに設置した通商製造業政策局（ＯＴＭＰ）のトップで経済政策を担っているのはピーター・ナヴァロ元教授です。カリフォルニア大学アーバイン校の元教授で、

『デス・バイ・チャイナ（Death by China）』などで中国脅威論を唱えてきたナショナリストの学者です。「平和、平和って言いながら、中国は軍事拡大を続けている」「中国の経済が大きくなれば軍拡が進み、軍事的脅威が強まる」ということを主張されてきました。私が90年代から唱えていた主張と同じですので、同士の気分です（笑）。

米通商代表部（USTR）のロバート・ライトハイザー代表も対中強権派です。なので、米中の関税交渉が軟着陸するはずがなく、難航するのは目に見えています。

変化する世界の流れと日本の現状

馬渕：非常に重要な分析で、日本ではそういう風にほとんど分析してきませんでしたからね。河添さんがおっしゃった、「中国の台頭を許さない」とか「中国による覇権を許さない」という発想自体がグローバル時代には出てこない話だったんですよ。

そもそも、国単位で物事を考えていないから。清華大学経済管理学院顧問委員会の話題で名前が挙がったアメリカ人は、自分たちが儲けられたらそれでいい。中国がどうなろうと、そんなことには関心のない方々ですね。

ところがトランプはそうではありません。アメリカという国家と国民を大切にする大統領でしょ。だから今、名前が挙がったポールソン、ブランクフェイン、こういうグローバリストの発想とはまるで違うんです。

それから先ほどおっしゃったように、アリババの会長などがまず「今後とも宜しくお願いします」とトランプに挨拶に行ったというのは象徴的ですね。さすがに機を見るに敏な中国人だと思いますよ。そこがもう完全に、今までとは違ってきていますね。

ポールソンとか、いわゆるグローバリストたちが依然として一定の力を持っていますが、今、トランプ大統領はこの連中を正面から攻撃するのではなく、彼らが握っているメディアを叩くことによって、間接的に彼らの影響力を削《そ》いでいます。それに気づかないと、日本も置いてけぼりを食いますよ。

経団連（日本経済団体連合会）はまだ、こういう過去の人たちと付き合っています。政治家と官僚も新自由主義というボーダレスの社会主義的経済政策を実施すべく躍起《やっき》になっています。

アメリカの左派の思想であるグローバリズムに基づいて、日本が経済や社会構造を転換しようとしている中で、安倍総理のような良い意味でのナショナリストが出てきているわけです。世界のグローバリストの「反トランプ」の流れと「安倍降ろし」の動きは根底において連動しています。

河添：トランプ大統領と安倍首相が結託しすぎたら強い日米関係になるから、中国などはそれを恐れているはずですね。

馬渕：中国ですよね、一番恐れているのは。

河添：だから、なんとか安倍首相を降ろそうと必死になり、たびたびくだらないニュースでメディアジャックしています。

馬渕：自民党の政治家の中に、中国利権にまみれている方々は結構いるでしょ？　中国がそういう人たちを使ってやっていることは、もう見え見えじゃないですか。なのに、誰も表立って指摘しない。それこそが、日本の国防を非常に害していると私は危惧《きぐ》しています。少しでも多くの人に、そういう現実を伝えなければならないと思っているわけです。

暗躍するロスチャイルド家の代理人

河添：年齢オーバーでありながら国家副主席に就いた金融畑の王岐山は、先ほどお話しした清華大学経済管理学院顧問委員会の名誉顧問で、ゴールドマン・サックスをはじめとするアメリカの国際金融資本家たちとも、長年、近い関係にありますし、イギリスのロスチャイルド家の代理人でもあったのかなと総括しています。親しげに面談している写真なども残っていますし。

馬渕：それは非常に重要な分析ですね。というのは、アメリカにはもともとロスチャイルド家の代理人がジワジワと権力を奪取してきた歴史があります。そして、ウッドロー・ウィルソン大統領の時代に完全に支配されました。100年と少し前のことです。

第28代ウッドロー・ウィルソン

当時、ウィルソン大統領の取り巻きは、皆ロスチャイルド家の代理人でした。エドワード・マンデル・ハウス大佐（補佐官）、ポール・ウォーバーグ（FRB議長）、バーナード・バルーク（ウォール街の投資家）、ヤコブ・シフ（クーン・ローブ商会のパートナー）などです。

だから、今の河添さんの話で改めてよくわかったのは、中国の最高指導部もロンドン・シティの代理人によって占められているということ。そう考えると中国の行動っていうのはものすごくわかりやすいですね。

河添：1989年6月の天安門事件以降、いわゆる上海閥、江沢民一派の黄金時代が長く続きます。それから20年あまり、江沢民派はロックフェラー系、すなわちアメリカの資源関係利権とクリントン夫妻など左派勢力とズブズブになっていきます。おそらくロスチャイルドやヨーロッパは、あまり儲からなくなってしまった。その流れを寄り戻すために、この５年間、江沢民一派の粛清をやっていたのかなと。

国家機密漏洩他で終身刑になりましたが、江沢民一派の超大物の１人、党内序列９位だった周永康《しゅうえいこう》（元中国共産党政治局常務委員）は、石油や天然ガスなど資源の利権を掌握し、アメリカの左派とも長期にわたり深い関係を築いてきました。

２０１２年11月から第一次習政権が発足し、「トラもハエも」なんて号令で汚職幹部の摘発を果敢に進めていきますが、「汚職をしていない中国共産党幹部なんて存在しない」が台湾のビジネスマンをはじめ、中国社会を熟知する有識者の考えです。私も、ですが（笑）。

周永康

王岐山

第一次習政権では、王岐山が中国共産党中央規律検査委員会書記として、その危険な悪役を演じ、敵を鬼籍と刑務所に次々とぶち込んでいきました。

「よくやった」というご褒美《ほうび》なの

か新たなミッションがあって、彼はオーバーエージで無役の党員ですが、国家副主席に就きました。ただ、ご安泰とはいかず、王岐山の恥部が、その真偽は別としてアメリカに逃亡した富豪の中国人に暴露されたり、王岐山の周辺で死亡事件を含め不可解な事件がいろいろと起きています。敵対勢力を粛清しまくったことで、返り血を浴びているというか、復讐劇が進んでいるのでしょう。利権を奪われた旧勢力が黙っているわけがないですから。

ただ、外遊で1つ注目すべきことがあります。中国は長年、パレスチナとの関係が深かったのですが、ベンヤミン・ネタニヤフ首相の招きで王岐山国家副主席がイスラエルを訪問しました。江沢民が国家主席だった2000年に同国を訪問して以来ですから、18年ぶりのことです。しかも聖地では、黒い帽子をかぶって「嘆きの壁」に両手を当てています。これはシオニストとの関係構築のサインなのか？　宗教を認める国家に生まれ変わると誓ったサインなのか？こういった状況を鑑《かんが》みても、世界の権力構造は大転換期にあるとみています。

アメリカは実は「右」ではなく「左」

馬渕：読者の方の中には、「あれ？」と思われた方もおられるかもしれませんが、先ほどから

「アメリカの左派」という言葉が、河添さんから出てきているでしょう。我々日本人は一般的にはアメリカを「右派」、つまり保守勢力だと思っているんですよ。

ところが、河添さんがいみじくもおっしゃったように、アメリカこそが左派だったんです。たとえば今のロシアとか、少し違った意味でトルコもそうですが、日本やインドなんかは右派なんですよ。そういう状況で、同じ左派は中国共産党ですから、今まで我々が議論してきたように中国は左派なんです。我々は冷戦以降、左派と右派を真逆に捉えるよう洗脳されてきたわけです。この洗脳の一翼を担ってきた歴史家も知識人も教えてくれないのは、ある意味当然だったのです。

「左派対右派」のこの対立構図において、トランプ大統領の登場もあって、左派はそろそろ行き詰ってきているというのが私の大局的な見方です。グローバリスト、つまり世界の左派のリーダーは実はアメリカですから。ただしそれはオバマ大統領までの時代の話ですが。

河添：まして、メディアは左派がセンターですから教えるはずもなく。

馬渕：左派っていうのは、簡単に言えば「現状変革勢力」なわけで、アメリカのウォール街を中心とする歴代の政権こそ左派だったわけです。それが河添さんの今のお話で、正しく指摘されたことなんですね。

我々はまず、そういう認識を持つことが必要です。つまりグローバリズムっていうのは左派の思想だということ。それをもう一度、念押しのために言っておきますけど、そういう認識を持たなければ世界の歴史も構造もわからないということです。これは非常によいご指摘だったと思います。

もう1つは、イギリスをはじめとするヨーロッパの国々やアメリカは植民地を失いましたが、彼らはその後もずっと世界を植民地的に支配できているんですよね。それはなぜかっていうと通貨を握っているからなんですね。

だから、アメリカの歴史を見てみますと、イギリスからの独立後、イギリスが実質的にアメリカを支配するためには通貨発行権を握ることでした。第2章でお話しした通り、アメリカの中央銀行をロスチャイルド系の人間が握るということです。

1913年にFRB（連邦準備制度）を制定し、完全に通貨を握られたのです。私は、アメリカの国体がこれを機に変わったと思っています。つまりフロンティア・スピリットのアメリカから、ロンドン・シティなり国際金融資本家が支配するアメリカにね。

河添：イギリスは第二次世界大戦後に植民地を手放したわけですが、たとえば東南アジアに対しても、変わらずイニシアチブを握っていきたかったはずですよね。東南アジアにおいて、扇の要のような位置にあるのがシンガポールです。

シンガポール建国の父で、初代首相のリー・クアンユーさんは2014年に亡くなりましたが、彼は東南アジアの華僑華人社会のトップとして君臨していたと考えられます。もちろん、その背景にイギリスの存在があっての話です。

イギリス、すなわちシティの東南アジアの華人の代理人として育成されたリーダーという意味です。今は息子のリー・シェンロン首相の時代になっていますが、イギリスは北京と入魂《じゅっこん》になりすぎないよう、コントロールしているようにも見えます。

シェンロン首相はロシア語を含め多言語を操るようで、世界を俯瞰《ふかん》できる能力も備えていそうですが。

中国大陸を含めた華人社会において、１つ興味深い話をしましょう。鄧小平が改革開放を打ち出して以来、相談相手として仰いでいたのはリー・クアンユー首相です。さらに言えば、習近平がリー・クアンユーと一対一で面談するようになったのは、２００８年に彼が国家副主席に昇格したあとからとされます。ということは、シンガポールという小国の首相・上級相という立場であるのみならず、リー・クアンユーは当時、華人社会の中で、中国の国家副主席と並ぶ地位にある人物だと私は解析しました。

馬渕：なるほど。

河添：補足すると、シンガポールを私は「明るい北朝鮮」と呼んでいます。金《キム》王朝ならぬ〝リー王朝〟なんです。華僑華人にとって、イスラエルのような存在でもあるのかなと。

習近平は1985年から2002年まで福建省で職務に当たりますが、福建省は世界へ大量に移住者を出した地域です。特にシンガポールやマレーシアなど東南アジアには福建系と広東《カントン》系は一大勢力ですし、銀行・金融業は伝統的に福建省や広東省出身の客家系の職業ギルドとすら言えますし、その他、潮州系も一大ネットワークを構築しています。

すなわち福建省時代、習近平は華僑華人財閥の投資の受け入れを含め、華僑華人工作をしてきており、イギリスにもつながり、これも出世していく背景にあったはずです。習主席が唱える、「偉大なる中華民族の復興」は、ですから人民の復興を意味していません。

世界各国各地で力をつけている華僑華人に向けた宣言、「北京が中心となって、世界の華人が世界を牛耳るぞ！」という宣誓です。それができるかどうかは別として、北京そして習近平一派が世界の最高権力者になる宣言をしたってことですよ。

そして、2016年初頭までは、北京の勢いはまだ当分続きそうだと恐れていたのですが、馬渕大使がおっしゃる通り、習政権は近々に終焉《しゅうえん》するかもしれないと思うようになりました。

そう感じたのは、2016年5月、イギリスでのエリザベス女王様の90歳をお祝いする園遊会でのご発言でした。BBC（英国放送協会）の取材にわざと声を漏らさせて、世界に伝えたのだと思っていますが、習近平一行が前年に訪英した、その際のことを「彼らはルード（失礼）だった」と語りました。「あっ、ゴングが鳴ったな」と。「世界で醜く肥大していく中国共産党政権をもう許しませんよ」という、エリザベス女王様からの合図だったのではないかと。そのニュースには、だからすごく興奮したんです。「やった！」と。

グローバリズムの時代は終わった

馬渕：『WiLL』（ワック・マガジンズ発行の月刊誌）にも書いたんですが、僕はもうグローバリズムの時代は終わったと思っています。というのも、過去においてグローバリズムの時代を創ってきたイギリスとアメリカが、率先してグローバリズムから離れつつある。

それを象徴しているのが、ご承知のようにイギリスのEU（欧州連合）からの離脱決定であり、アメリカのトランプ大統領の出現なんですよ。この2つの出来事において、お互いに共通項があるのは、国民が目覚めたということなんですね。

今までグローバリズムを推進してきたのは国民ではなく、先に名前の挙がったようなグローバリストの国際金融資本家でしょ？　アメリカでいえば、ロックフェラーやゴールドマン・サックスなど、ウォール街の企業家が、国民の利益と関係なく彼らの私益を追求する世界秩序を創ってきたんです。それは中国も同じで、彼らは国家観がないから自分たちが儲かることは何でもやるということですよ。彼らはお金を刷って儲けたり、いろいろしているわけですよね。

だから、今までアメリカの左派と中国共産党幹部などグローバリストが組んで、表向きには「米中の蜜月」のように見えたけれど、実はそうではなかった。ウォール街と中国共産党指導者の間の蜜月であり、国と国との蜜月ではなかったってことですよね。

河添：はい。第1章で具体的な内容に触れましたが、習近平の改革開放40年の演説は、「絶対に俺たちが世界を牛耳ってやるぜ！　自分たちは潰れないんだ」との必死感が伝わってきました。

馬渕：彼らは、もう運命の時が目前に迫ってきていることを知っているはずですよ。それは歴史を見ればわかることなんです。それから国民……という概念が中国にはないんですが、今後、民衆が「実は自分たちは被害者だった」といつ気がつくのかが、僕は楽しみなんですね（笑）。

河添：お隣の人民は、いつの時代も権力者以外は搾取される側、常に被害者です。だからチャンスを得た人間はどんどん逃げて、移民となり、他国にパラサイトしながら大きな顔をしています（苦笑）。

馬渕：日本でもね（苦笑）。

第4章

リアルに存在する スパイと無防備な日本

ソ連時代の「電話」

河添：2018年8月24日に、アメリカ議会の米中経済安全審査委員会（USCC）において「中国共産党の海外における統一戦線工作」と題する報告書が発表されました。統一戦線工作というものが一体何をしているのか、その実態、その手法を公にして警鐘を鳴らしています。

その報告書によると、第1段階としてまず接触があり、第2段階に取り込みがあって、第3段階で操作（コントロール）までもっていくという流れになっていると。馬渕大使も現役でいらっしゃった頃には、いろいろなトラップを仕掛けられたご経験があるのではないでしょうか？　興味津々《きょうみしんしん》ですので、是非そのあたりのお話をお願いします。

馬渕：私はいわゆるベルリンの壁が崩れる10年前、1979年からソ連時代のモスクワに勤務していました。2年半ほどいたのですが、河添さんが今おっしゃった3つのやり方に関しては、当時のソ連も同じことをやっていましたね。

まず接触してくる、それから取り込みを図る、あとはそれをコントロールする。ようするに狙った相手をスパイに仕上げるということなんですが、そういう方式、やり方っていうのは、独裁国家では大体一致しているんです。

もちろん、アメリカとかヨーロッパもスパイを仕立て上げていますが、やり方が少し違う。欧米の場合は職業、契約に基づきます。共産党政権のやり方っていうのは、まさに独裁政権のそれですから非常にエゲツナイやり方なんです。

私自身は幸い犠牲者になりませんでしたが、接触を受けたことは複数回あります。どこかでお話ししたかもしれませんが、最初、私のアパートに電話がかかってくるわけですね。普通、ソ連人（ロシア人）から電話がかかってくるはずがないんですよ。いわゆる警察国家で、国民は外国人との接触を禁じられているわけですからね。

ところが、それができるっていうことは、明らかに相手はスパイなんです。そんなことはこっちもわかりきっているんでね。それがＡＢＣ、基本です。

ある日、我が家にうら若き――だと思います。会わなかったのでわからないですけれど、声から判断する限り（笑）――女性の声で電話がかかってきました。しかも、流暢《りゅうちょう》な英語で。彼女が言うには、「あなたの前任者と自分は知り合いだった。ついては、あなたとも友好を深めたい」と。「で、実はあなたのアパートの近くのバーにいるんですが、これからお会いできませんでしょうか」と言ってくるわけです。

河添：わかりやすい手口ですね（笑）。

馬渕：そんな初歩的な、基本的な、というかむしろ下手なやり方で接触してこられて、私は当時、頭にきたんですね。どうせなら、もう少し上手いやり方で仕掛けてくれって（笑）。そんな幼稚な手法に引っ掛かるはずがないだろうと、適当にあしらっていたんですが、しつこくて1週間ぐらい毎晩、電話してくる。私がまったく相手にしないものだから、そのうち諦めたようですが。

正直、少し不甲斐ないというか、残念な気持ちになりました。そういうトラップに引っ掛かるような人間に見られていたのかな、随分軽く見られたんだなと。彼らの工作は、それほど上手くありませんでしたね。

河添：それまでの日本からの外交官やビジネスマンが、この方法でイチコロだったからかもしれません。先方としては、「あれっ？」「畜生！」だったのかもしれませんね。

日本語がわかる人間がグルに

馬渕：これはもう、40年ほど前の事件ですから、お話ししても大丈夫でしょうけど、実際、日本の大使館員が工作に引っ掛かったケースがありました。

大使館員が運転していた私用車が、交通事故を起こしてしまったのです。すると、すぐ交通警察がやって来て、何かをまくし立てて「これにサインしろ」と言ったそうです。

その大使館員はロシア語が堪能ではなかったから、もうわけがわからない。パニックになっていると、どこからともなく日本語の流暢なロシア人が現われて、「お困りでしょう。お助けしましょうか」と言ったわけです。そして、「この書類には、こういうことが書いてあるんですよ。ですからここにサインすれば、あなたは無罪放免ですよ」と言われたものだから、その人は何も考えずにサインしてしまった。

ところが、サインしたその文書が、実は「私はソ連当局の協力者になります」という宣誓文でね。彼は初歩的なミスを犯してしまったわけです。

河添：内容を読んでさえいない、わからない文書にサインしてはダメですよ！　基本中の基本です。

馬渕：ええ。そこでポイントは、日本語がわかる人がグルになっている点ですよね。近づいてきて、安心させて、サインさせる。もちろん、その大使館員はすぐ転勤になりましたけどね。当局のスパイになるって宣言したようなものですから。ようするに、そういう工作をやるんです。相手によるのかもしれませんが、ソ連の工作もどちらかといえば初歩的ですよね。

河添：乱雑というか単純かつ強引ですねぇ。

海外勤務の際、有能な人が近くにいたら注意

馬渕：これは日本ではなくて、イギリスとかフランスの駐ソ連大使が引っ掛かったと言われている話なんですが、大使のソ連人秘書が当局のスパイだったことがありました。

そういう類いの人は皆、有能なんですよ。読者の方々にもこの場を借りて是非伝えておきたいのですが、外国に勤務した時に、周りに有能な人がいたら気をつけてください。そういう人は、大体スパイか当局に通じていますよ。私はソ連以外にもいくつかの国に勤務しましたが、ほとんどがそうです。有能な秘書は、まず間違いなく当局と関係しています。当局はピカイチの人材を送り込んでくるんですね。

河添：中国も同様です。頭脳明晰、記憶力抜群、語学力などが鍵になりますよね。あとは訓練を受けていて、プライベートなことや余計なことは一切口にしない、普通にいい人に見えるよう振る舞う術を身に着けていますね。

馬渕：ソ連のような警察国家では、こちらが現地の人をローカルスタッフとして雇おうとしても、勝手には雇えない。当局に頼んで派遣してもらうんです。もちろん、やって来る人は全員スパイ（笑）。その人たちにそれとなく聞いてみると、大体2週間に1回ほどは当局に呼ばれて、

何が起こったかの報告をさせられている。我が家に派遣されてきた女中さんもそうでした。我が家の内部の様子を、定期的に当局に報告に行っていました。

逆に、当局から女中さんに、私の行動予定の連絡があったこともあります。ある夜のことでしたが、外交官仲間の夕食会に招かれていたので「留守中の娘の世話を頼む」と言ったら、「○×大使館のところですね」とポロッと漏らしてしまったのです。よく訓練された女中さんではなかったのですね。彼女の「名誉」のために、なぜ知っているのかと追求することは控えました。警察国家とは、そういうものなんです。

河添：本人はヤバッと一瞬思ったでしょうね（笑）。駐在員家庭に派遣される女中さんは、中国もまさに同じ状況です。私が80年代に暮らしていた北京もそうですが、留学生寮は、授業に出ている時間帯は、部屋の鍵を空けておくよう言われていました。名目は、掃除人が入るから。

実は一度、なんとなく虫の知らせがして授業を抜け出して部屋に帰ってみたんです。すると、なんと掃除のおばさんが、私のベッドに横になって、私が日本から持ってきた雑誌のページをめくっていました。目撃した私の方が、バツが悪いというか（苦笑）。

それと、当時はメールも携帯もない時代ですから、家族や友人、恋人からの手紙が日本から届くわけですが、ことごとく開封されていました。読んだあとは、中国製の質の悪いノリで封筒を貼り直しているから、すぐわかっちゃう。そもそも、たいした内容なんて書かれていないのに。私が日本から送り込まれたスパイかと思ってくださったのでしょうかねぇ（笑）。

大連にも暮らしましたが、同地で駐在されていた日本人ビジネスマンは、単身者が多かったのでホテル住まいが珍しくありませんでした。同世代の知り合いは、苦笑しながら私にこう言っていました。「バスルームのシャンプー、リンスがどんどん減っていくんだ」「女性の長い髪の毛が、バスルームにたくさん落ちている」とね。

80年代当時、中国製シャンプーは髪の毛をゴワゴワにする粗悪品ばかりでしたから、日本から持参した上等なシャンプー、リンスで、ホテルの従業員なのか掃除係なのかわかりませんが、せっせと髪を洗っていたのでしょうね。まぁ、これはスパイというより、外資系ホテルで働く従業員の特権、密かな楽しみって話のレベルですが。でも、気味が悪いですよね。

馬渕：中国らしいですね。そういう国家ですからね、当局に反するようなことさえしなければ、逆に安全なんですよ。

ある時、私がモスクワの郊外に行く際に道に迷っていたら、向こうから警官が近寄ってきて「あなたの行き先はこっちです」なんて親切に教えてくれたり（笑）。

河添：行先をちゃんと知っている（笑）。私も、大連では同じ類いの経験を何度かしました。

たびたび町で見かける顔があって、ある日、じっと見つめていたら、向こうも開き直って、「どこ行くの？」と。だから、「あなたが知っている場所へ行くわよ」と答えたら苦笑いしていました。

馬渕：知っているんですよ、すべて。そういう世界です。

酒に睡眠薬を入れられていないか

馬渕：時には、我々も地方視察という名目でスパイ……じゃない（笑）、地方の実情を見聞に行っていました。だけど、その際は1人で行ってはいけないという規則がありました。私の場合は、ロシア語の達者な若手大使館員と2人で行動を共にしましたが、向こうのガイドさんは皆、当局の人なんです。だから、いろいろお仕着せの場所しか案内しないし、お仕着せの説明しかしません。逆に言えば、その説明ぶりを聞いて言葉の裏を読み取ることで、当時のソ連の問題が何であるかがわかったわけです。

当時はソ連邦の構成国でしたが、ウズベキスタンのサマルカンドのホテルに滞在した際、朝鮮系の人物が近づいて来たことがありました。その人が「日本は素晴らしい。私はソニーにもトヨタにも憧れているんだ」と、いかにも自分が親日家だとアピールして、我々を引き留めようとしました。

今から思えば、彼は我々が勝手に外を出歩かないように引き留めて、観光や視察をする時間を与えまいとしていたんですね。

河添：なるほど！　確かに中国の辺鄙《へんぴ》な場所へ行った際、納得できる説明もないままイライラするほど長く引き留められたことが何度かありました。

馬渕：一方で先ほどの彼は、「私は少数民族だけど、ソ連という国家は人種差別がなくて素晴らしいんだ」とも言っていたのです。その言葉は、彼らがソ連で差別を受けていたことの裏返しです。そういうメッセージを、わざわざ外国人に向けて発信しなければいけないわけですから。言葉の裏をどう読むかというよい訓練になりました。

それから、私がソ連に赴任していた頃は、我々の間には「現地の事情を知るには劇場に行け」という言い伝えがありました。当時は娯楽が少なかったですし、バレエをはじめ芝居が唯一にして最大の楽しみだったんです。

トルクメニスタンの首都はアシガバートですが、ソ連邦だった時代のアシガバートの劇場に行って芝居を観たことがあります。現地のトルクメン語の芝居なので内容はよくわからないけれど、ミニスカートの女性が出てきただけで観客がざわめく、そういう雰囲気だったんですね。

それはともかくとして、やはりここでも隣にいる人が話しかけてくるんですよ。「あなたはウズベクから来られたのか？」と。あとから考えたら、ウズベキスタン人と日本人って似ているんですよね。食文化でも、うどんに似た料理があるとか。

こちらが「日本からだ」って返事をすると、「ああ、そうなんですか」といった具合に会話が始まって、ひとしきりいろいろな話をしてね。その場はそれで終わるんですが、ホテルに帰ったら翌朝、ばったり廊下でその人と会うんですよ。

河添：もちろん偶然じゃないですよね（笑）。

馬渕：ええ（笑）。ずっとつけていたっていうか、はっきり言えば監視下にあったんです。「いや〜奇遇ですね」って声をかけてくるけれど、全然奇遇じゃない。そして、「こういうご縁だから、私の部屋で一杯やりませんか」っていう流れです（笑）。「ははあ、やっぱりこう来たか……」と思ってね。

実はそういうこともあろうかと、連れの若手と事前にいろいろとルールを決めていました。たとえば、向こうがウォッカを注ぐ時に、同じボトルから注いでいるかどうかを少なくともどちらかがしっかり確かめる。

河添：睡眠薬など毒物が混入されていないか、ってことですよね。

馬渕：そういうことです。なので、我々にだけ別のボトルから注いだら、それは絶対に飲まない。それから、彼が飲んだ1秒後に飲もうと。向こうが本当に飲んでいるかどうかもわからないですからね。乾杯して、こちらが先に飲むのはリスクがある。事前にそういう打ち合わせをしておいて、それらがクリアできた上で私も飲んだんですよ。結局、大丈夫でしたけれどね。

なぜそういうことに注意したかっていうと、我々の2、3週間前に同じく地方視察に行った日本の大使館員2人が、ウォッカに毒を盛られたからなんです。幸い致死量ではなかったので大事には至らなかったのですが、彼らはすぐモスクワに引き返すことになりました。おそらく当時、その視察先で当局にとって都合の悪いこと、たとえばデモか何かが起こっていたはずです。だから、事前にオッケーを出したものの、現地を視察されるのはやはりまずいとなったんでしょうね。で、ウォッカに毒を盛るという強引な手を使って、モスクワに追い返したのでしょう。

ちなみに、その大使館員に接触してきたのは、やはり日本語の達者な人だったそうです。「私、実は日本にいました。日本語を勉強しました。いや〜懐かしいですね」って盛り上がってウォッカで乾杯したら、いつの間にか毒を盛られていた。こういうことですね。

河添：1組のターゲットに対して、数人のグループで工作を仕掛けてきているということですよね。ホテルやレストランの従業員も、その仲間だったり。

馬渕：おそらく1人がターゲットに接触して、その周りに仲間がいるんでしょう。そういう工作のやり方は、ソ連から中国にも引き継がれていると思うんですけどね。

河添：そう思います。コミンテルン（共産主義インターナショナル）の工作員によって、1世紀前から、いろいろとご指導を受けていますので。それと、人口も多いですから人材も豊富です（笑）。

それと、これは仮説であり持論とも言えますが、神様の存在を認めない思想の持ち主、すなわち共産主義者や、出自を隠したい、あるいは犯罪者などさまざまな理由から名前を変えたい方々にとって、工作員という職種は天職なんだろうなと。

日本にいる中国の工作員は5万人⁉

河添：習近平政権は、中国統一戦線工作部の人員を相当数、増員し海外工作を強めてきたという話があります。統一戦線は共産党の中央機関に属していて、各国の中国大使館や領事館のコントロール下にあると考えられます。政治家や軍人、そして大物経済人、大メディアといった、影響力や決定権を持つ人物、部署へ近づき、最初は会食、そして何かの機会にお礼などの形で賄賂を渡すなどしながら、ターゲットを取り込んでいくわけです。

２０１７年12月20日の英フィナンシャル・タイムズ紙は、中国統一戦線の幹部養成用教材の存在も暴露しています。統一戦線の幹部工作員が全世界で実行すべき任務が書かれ、その手口については「団結できそうな勢力に欠かさず取り入る」、それから「相手に友好、寛容の態度で接する」、あるいは一方で「海外の敵対勢力に対しては冷血無情に完全に孤立させる」といったことも明記されていたとか。騙しと脅しの言葉、テクニックも書かれていたと、記事に出ていました。

中国政府は基本、中国側が意図する、望む通りの言動をしてくれるロボット的な人間を大量生産したいわけです。私のように自分の意志が明確にあり、自己の判断力に頼り、猜疑心《さいぎしん》も強い類いは、最低最悪なのかと思います。中国共産党は飴、すなわちお金、そして鞭《むち》、すなわち相手の弱みを握っての恫喝《どうかつ》などで、操作や管理できる工作員の数を増やしていったと考えられます。その目的は、日本を含め諸外国に対する影響力を持ち、支配するという、共産主義者ならではのパラノイア的な欲望を満たすためでしょう。

ちなみに、一説には今、日本には5万人程度の工作員がいると言われています。

馬渕：日本の中に、工作員が5万人ですか？　それはおそらく「スリーパーセル」と呼ばれる潜伏スパイ、つまり指令があるまで、普段は一般市民として生活している人々も含めてでしょうけど、５万人いるっていうのはすごいですね。

河添：ただ、日本にはスパイ防止法もありませんし、スリープしていても活動していても、捕まりませんねぇ。何より日本国民にスパイ（工作員）に対する危機感がありません。どうしても『００７』のジェームズ・ボンドの世界じゃないですが、映画やドラマだけの世界だとリアル感を持てないようですね。

それ以外は、噂話レベル。「誰がスパイか、河添さん教えてくださいよ～」ですから困ったものです。もし、誰と誰と……なんて真顔で言ったら、「河添がそう言っていた」って話になるだけです。私の仕事や命に無責任な方々と、そういった話題を共有するは難しいです。もし、お尋ねになりたいのなら、質問者自身もそれだけのセンサーと情報、覚悟を持ってほしいなぁと。

とはいえ、たまに「あの人おかしいでしょう？」とあえて言ったりはしますが。所詮、スパイは「私はスパイです」とは言いませんから。任務に失敗したら、一時《いっとき》はどこかへ消えますし、その時「やっぱり」ってことになりますが、それでも気づかない人がいるのには恐れ入ってしまいます。情けないことに、日本人の大多数はユートピアに暮らす善人、村人のままなんです。

馬渕：日本の方は皆お人好しで、性善説的な発想ですからね。もちろん私は「まさか」とは思わないんですが、先ほど私が申し上げたようなスパイに関する話は、もはや一般論として、たとえば日本の企業で中国に進出している企業、あるいは逆に日本で中国人を雇っている日本の企業にも当てはまるわけでね。

別に、中国人が皆スパイだとか、悪いとか言っているわけではありませんが、彼らの中でも、すごく有能な人、日本に友好的な人、周囲から信頼を持たれている人、これは気をつけるべきなんですよ。

日本人は逆なんですね。信頼できると思うと「まさかあの人がスパイだなんて」ってなる。私の経験からいえば、大使館にいるスパイや当局の回し者は、大体そういう「まさか」な人が当てはまります。人柄がよく、能力がある、日本大好きなふりをするっていうね。

河添：以前、あるお笑い芸人が言っていて面白かったのですが、「人生には3つの坂がある」と。「上り坂、下り坂、そして、まさか」って。「まさか」とは、すなわちリスクということだと思います。常に私は、「まさか」を注意しながら生きています。

馬渕：その通りですね。私はいろいろ経験があったから騙されなかったけれど、騙される人が実際、結構多いんですよね。特に企業の方は、ビジネスをやらなければならないから、どうしても付き合わなければいけない事情がありますよね。しかも、ガードが甘くなるっていうきらいがあるんですよ。

河添：私の中で「あっ、この人はスパイ（工作員）かも」と瞬時的に感じるのは、本能的にまず不自然と感じる方です。その上で、初見ではなく、いつかの段階で、会話の中でなにげなく質問をすると、避けたり、逃げたりする人です。工作員の任務は与えられたものですから、ある種、ロボットっぽいところがあります。それと出まかせで答えてしまったりすると、その嘘を覚えておかないとならないから、余計な会話はしたくないのかもしれません。

スリーパーセルの実態までは、私にはよくわかりませんが、フェイスブックやユーチューブなど、ネット偵察でもしているのでしょうね。あとはターゲットの講師がする講演会への参加。河添があんな発言をしたとか、こんなバカなことを言っていたとか、時折、報告したりしているのかな。

あとは、接触をずっと意図的というか避けていて、その上で私の原稿内容やテーマをパクってきたりする類いも実在しますよ。偽物、モノマネは中国の典型的手法です。本物にかぶせて偽物が凌駕《りょうが》しようとする。ただ、いずれメッキは剥《は》がれますし、わかる人にはわかる話です。

スパイは災害時に動く

馬渕：不謹慎な話になるかもしれませんが、2018年9月に北海道で大きな地震がありましたよね。あの時は苫小牧の発電所が止まったことで、大きな被害が出たんですが、そういう事態が起こると、彼ら（スパイ）はすぐに現地に調査や確認に行きます。日本の弱点を、徹底的に調べに行くんですよ。日本に潜む中国の工作員、5万人のうち何人が北海道にいるかはわかりませんが、ああいう災害が起こった時に北海道を混乱させるにはどうすればいいかって。あの地震では、たとえば電力が弱いってことがわかったわけです。

裏でそうしたことが行われているという発想があれば、日本政府の教訓としては、苫小牧の発電所をはじめ関連施設のセキュリティを強化しないといけません。電力会社任せではダメなんですね。でも、そういう発想自体が戦後の日本にはなかった。そして、今日に至るまでありません。

とにかく、あの地震で北海道の電力システムがあれほど弱いっていうことが嫌というほどわかった。しかも、中国は昨今、北海道の土地を買いまくっていますからね。それこそ「ここは我々の土地だ」なんて囲い込まれて、その中に工作員が入って、「国家の中の国家」を作られる危険が、もう今でもあるわけですよ。

あの一件は、地震という不幸な天災でしたが、そこから我々は日々学んでいかなければなりませんね。

河添：東日本大震災の時も、似たような話を聞いています。温家宝《おんかほう》首相ほか、被災地には中国人の高官らも入ってきたわけですが、慰問というより福島原発の調査や土地買収といった別の目的があったようだとの噂話もちらほら聞きました。

被災地のために純粋にボランティア活動をした外国人がいたことはよく聞いていますが、被災民から例外なく感謝されているのは台湾人でした。物心共に多大なるサポートをしてくれたわけですから。日本在住の台湾の友人は、「台湾からの援助物資を早く被災地に届けたかったのだけれども、中国にことごとく邪魔をされた」と怒っていましたね。

温家宝

馬渕：河添さんは優しい言い方をしているけど、工作員といった連中はそういうことばっかり朝から晩まで考えている人たちなんですよ。「他人の不幸にはつけ入らなきゃいけない」って発想の人たちです。

日本人の、性善説の発想とは違うということを、残念だけれど我々は認識しなくてはいけませんね。そういう風な心構えをして、絶対に気を許してはダメなんですよ。こういう言い方は本当に残念だけど。しかし、これが一皮剥《む》いた世界の現実でもあるわけです。

日本にはスパイ防止法が確かにありませんが、なくてもできることはあります。たとえば以前、産経新聞の記者が中国で取材を拒否されたり、ビザが出されなかったりしたことがありましたね。そういう時は、日本側も中国の新華社の記者にビザを出さなければいいんですよ。

河添：そうですよね！　なぜしないのかが不思議です。世界はやり合っているのに！

馬渕：すぐ、中国人記者に仕返しをすれば、中国側も勝手な振る舞いができなくなります。小学生でもわかる対応を、日本政府はしないんです。日本政府は何を遠慮しているのでしょうかね？

河添：刺激を与えてはいけないとか、奇妙な気遣いをしているのですかね。「あなたは中国のスパイでしょ」と疑いたくなる人間が、組織や企業でロケット出世している話なども耳に入ってきます。それによって、国益に反する方向へ動いてしまうわけです。

馬渕：日本のジャーナリストが何かやられたら、すぐ同じことを中国のジャーナリストにやり返せばいい。そうしたら中国側も、もうできなくなるんですよ。

河添：世界の他の国々では、ずっとそうやってやり返し合っていますもんね。まったく同感です。

「孫子の兵法」から変わらない

河添：第７章でもお話ししますが、中国は中国人や華僑華人を対象として、国籍は問わずハイレベルの知的人材を集めようという「千人計画」を２００８年から始動させています。一方、ＦＢＩ（連邦捜査局）は２０１５年頃から、千人計画で選ばれた人たちを捜査対象としました。中国のために働くアメリカ国籍を持つ理系の超頭脳の中国系アメリカ人が少なからず、平たくいえば中国のために産業スパイ活動をしていたからです。

中国共産党によってアメリカの最先端技術が盗み取られることは、是が非でもノーだという動きですね。

ヨーロッパでも今、政治家や軍人、官僚、経営者などに対して、中国の工作に対する注意喚起を大々的に行っています。注意喚起は３つの言葉です。「賄賂トラップ」「ハニートラップ」「債務トラップ」です。ターゲットが経営者の場合、債務トラップを仕掛けられれば、企業の窮状を救うかもしれないけれど、結果的には乗っ取られるコースですからね。

馬渕：工作を受ける側の弱みというか、残念ながら我々も例外ではないんですが、やはり人はお金や地位、名誉、名声に弱いんです。だから、工作を仕掛ける側はそこをついてくるわけですよ。

河添：あとはオンナとか。対象者がLGBTだと嗅《か》ぎつければ、その性嗜好《せいしこう》に合わせて（笑）。

馬渕：我々の弱点をついてくるという点では、昔からそれこそ「孫子の兵法」から変わらないんですよ。人類が生まれて以来、変わらないやり方なんです。

河添：人間の、特に男性などの欲望を逆手《さかて》に捉えるってことですね。

馬渕：そうですね。日本にはスパイ防止法はもちろん必要ですが、それがなくても、お金とか名誉とか、あるいは異性に対する免疫力を持てば、工作による被害を相当、抑えられるということですね。なので、まずは我々国民一人ひとりがそういう免疫力を持つことが大切です。それができれば、たとえ5万人の工作員がいても、そう簡単には転ばない人たちを養成することができるのかなと思います。

言論界の工作は十八番中の十八番

河添：それから、メディアや言論界への工作は、中国の十八番《おはこ》中の十八番ですよね。テレビ局……どこととは言いませんが、テレビ局の地下駐車場にも、中国大使館の車がたびたび停まっているなんて話も聞いたことがあります。番組をチェックしている人物も、大使館、領事館スタッフには複数いるはずです。

たとえば、私のような人間でも地上波の番組に、ほんのたまたま出ることがあるわけですが、そこで中国にとって都合の悪いことを発言すれば、プロデューサーかキャスティング・ディレクターに、「何でヤツを出すんだ！」と圧力をかけてきておしまいですよ。大使館や領事館関係者ではなく、別部隊に、「アイツを出すな〜」とクレームさせたっていいわけです。

中国はもちろん、表向きはチーフ・プロデューサーを豪華な食事などに接待して良好な関係を作るわけです。それによって、人事や人選にまでジワジワと口出しできるでしょうからね。

それは彼らの基本的なやり方です。そういった工作を、日本の大メディアは、プロダクションを含めすべてやられていると考えていいと思います。ＮＨＫにしても、とっくの昔にやられているでしょう。日中共同制作のＮＨＫ特集『シルクロード』を放映した80年代には、トラップはすでに始まっていたのですから！

馬渕：そういう側面と、もう1つ河添さんはご存じだけども、職員の中に外国人がいるわけですよ。中国人や韓国人、こういう人たちが番組を作っている（笑）。特にニュース番組ですね。どれをニュースにするか、どう解説するかっていう判断は、外国人がやっているケースが多い。

なぜ、こんなに日本のメディアが反日になるのかっていう疑問の答えでもありますよね。政権批判はもちろんいいのだけれど、現状は、政権批判を通り越して反日になっている。これはつまり、いろいろな部署に日本人ではない人たちがいるからなんです。この問題は、政治がもっと取り上げなければいけないですね。

河添：政治家の中にも怪しい類いの人がいますから（苦笑）。

馬渕：ＮＨＫの職員募集要項をご覧になったらいいですよ。「国籍を問わない」って書いてありますね。とんでもないことですよ。日本公共放送なんだから、「日本人に限る」って当然やるべきです。

新聞はいいんですよ。朝日新聞にいくら在日の人がいても、外国人がいても構いません。新聞は商業主義だから。その代わり新聞は、たとえば朝日なら「私は左翼支援だ」とか「反自民党だ」とか、立場をはっきりさせればいいんですよ。新聞までが「中立だ」「不偏不党だ」って言っているからおかしいことになる。

テレビは本来、中立であるべきです。民放も公共の電波を使っているのだから。その延長で、テレビ局員も日本人でなければいけないんですよ。

河添：日本国籍であっても、日本の義務教育すら受けていない帰化したばかりの方もどうなのかなぁと。やはり最低三代、日本人であってほしいです。

ゾルゲや尾崎秀実は現代もいる

河添：中国は右にも左にも、スパイ工作を仕掛けます。政治ならば、自民党にも立憲民主党にも。左派のみならず、保守の言論も誘導しなくてはなりません。保守系のメディアの社員、保守的な言論人の中にも、中国共産党に操られている人間は少なからずいますよ。自覚者と無自覚者、両方ですが。自覚者は、すなわちスパイです。

役割の1つは、保守の視聴者に「中国大好き」の方々を増やすってことではなくて、たとえば「中国では今こういうことが起きている。だから中国はもうダメになっていく」とか、いかにも保守の人たちが喜びそうな、安心するような話題を提供して拡散させてみるとか。

もっともいい例は、過去に「中国はいずれ民主化する」っていう嘘をずっと流していたことです。これは保守とか左派に関係なく、日本は大丈夫だと安心させるための大嘘ですよ。そのあとは、「中国崩壊」ですからね。「中国も世界の工場になって、給料が良くなって、生活水準が上がれば、国として民主化もするし、中国人も日本人みたいになる」という嘘を、大多数の人は信じました。私はもちろん、1ミリたりともそんな安っぽいプロパガンダを信じませんでしたが。

前にも名前を出しましたが、戦前に日本で諜報活動をしていたソ連のスパイ、リヒャルト・

ゾルゲや近衛内閣のブレーンとなった共産主義者、尾崎秀実の類いが現代の日本にいないと思うこと自体、無防備すぎます。私なんぞプンプン匂いを嗅ぎ分けていますが（笑）。

馬渕：1つ付け加えれば、そういう中国に重宝されている人たちは、将来、たとえば日本における中国の影響力が徹底的に高まった場合、最初に粛清される人たちですよ。これは共産主義が過去にしてきたやり方がそうなんです（笑）。

歴史に学ぶっていうのは、そういうことですよ。だからソ連時代も、当時、日本共産党は路線で揉めていましたが、社会党なんかはソ連におべっかを使っていましたから、ソ連の人たちは皆、冷笑していましたね。

いずれにせよ、保守のメディアに、たとえば企業の広告主として中国がお金を入れていけば株主はものを言いますね。そういうところで、メディアの内容も徐々に変わっていったりします。中国は口だけではなく効率よく、集中的にお金を投下していく。そして、そのメディアをコントロールしていく方法をとっているので、右派にだって必ずやりますよ。

とすれば、右派のメディアを見ていれば、自分にとっては気持ちがいいことが書いてあっても、すべて本当とは限らず、やっぱり疑ってみないといけないですね。たとえば、日本人のチャイナ・ウオッチャーの中で、日ごろから中国を強く批判して、地上波にも出演するなど人気を博している人々がいます。多くは真面目な方と思いますが、中には中国当局の工作を担っている人もいます。その仕組みは、中国に批判的であるが故にその人の中国分析は正しいと視聴者が思い込んでしまう心理に付け込まれていることです。9割9分まで中国を批判するが、中国共産党がどうしても言ってほしい一言を忍び込ませるわけです。そうすると、視聴者はコロッと騙されてしまうのです。中国当局がこのような工作をしていることを見抜かねばなりません。

「分割統治」は、戦後ずっとアメリカが工作

河添：正直なところ、地上波に対抗するつもりなのか同様のテーマを取り上げてばかりいるネットTVの一部評論家やジャーナリストの立ち位置も、私としては不可解なんです。もちろん、安倍首相や安倍政権を絶賛なり擁護してもいいのですが、結局、ネット空間までその話題で一色に染めようとすることに加担しています。他に取り上げるべき、重要なニュースはゴロゴロあるのに。

2018年12月でしたが、自衛隊の哨戒《しょうかい》機が韓国軍から火器管制レーダー照射された件を、

来る日も来る日もやっていました。「韓国海軍が瀬取りに関わっていたと強く疑われる事実を、日本政府はなぜ早く公開しないのか？」とかね。

朝鮮半島に関する報道では、保守というか右派は概して感情的に騒ぎ立てすぎます。そこの心理を逆手にとって仕掛けているであろうことを、もっと冷静沈着に考えるべきです。北朝鮮の核実験が鳴りを潜めたあと、韓国があれこれ騒がしくなっている。朝鮮半島はその繰り返しですよ。

それは何を意味するか。世界の左派勢力によるメディアを使っての〝工作〟があるって考えます。その目的は日本と朝鮮半島が結託しないよう、永遠に不仲であるようにするためでしょう。だから、メディアがことさら、しつこくクローズアップして日本人に朝鮮半島に対して、恐怖や不信感を植え付けているわけです。それ以前の一時は、韓流ドラマで日本のオバさまたちを騙しに騙しましたが、彼らはもうお役御免なんでしょうね。

最大の理由としては、「自由と民主主義が発達した社会、国家にとっての本丸の敵が中国共産党」であることを隠すための目くらまし戦法です。有識者はよく、「情報戦」「世論戦」といった表現を使うのに、実際の意味を全然わかっていないのかなぁと。どうでもいいニュースを垂れ流し続けるのも、情報戦、世論戦の一環だとは思いますけれど。

馬渕：まさに、おっしゃる通り。朝鮮半島と日本の間を離間させるという「分割統治」は、戦後ずっとアメリカのディープステートが工作してきたことです。竹島問題、反日教育、韓国の経済発展、北朝鮮による拉致《らち》問題等々の背後に、分割統治の匂いを嗅ぐことができます。世界情勢が今、本当はどうなっているかという話題を我々国民の目や耳から完全に遠ざけています。

それと、今日も私はテレビニュースと新聞を一応チェックしたんですけれど、地上波も、それからメジャーな新聞も、世界で起こっている現実とその真相を何も報道していません。こんな現状に、心ある人は皆イライラしていると思います。

たとえば、某省の次官のセクハラ問題が起これば、テレビのバラエティショーはそればかりに時間を割《さ》きます。しかも、セクハラをしたという前提、結論で報道は始まります。これはおかしいですよ。まだ全体像がわからないのにね。

これは逆に言えば、日本国民が劣化している証拠ではないかと。あるいは、もっと勘ぐれば、メディアが国民を劣化させるために、あのような番組を作っているといいますか……。ああいう人間の低俗な欲情をそそるくだらない話題に特化して、世界情勢はほとんど取り上げない。取り上げたとしてもきちんと解説できる人がいない。

河添：直接的な取材どころか、情報収集も何もしていない部外者が、したり顔で優等生的なコメントを……恐ろしいですよ。

馬渕：こういう言い方は失礼かもしれませんが、タレントの方にそれを求めても無理ですよ。いくら台本を渡されたってね。もちろんタレントが悪いわけではありませんが、「司司《つかさつかさ》」という言葉があります。彼らはタレント業を極めることが、先決ではないでしょうか。

生半可な知識で、ましてや生半可な知識すらないような方たちが、適当な思いつきでコメントをするっていうのは、僕は犯罪的行為だと思っているんです。公共の電波を使ったやり方としてね。最近は「犯罪的」なんて言うと、それだけで問題になるらしいんですが、実際にメディアはそれだけのことをやっているわけですね。

こういった事柄が、事程左様《ことほどさよう》に今の日本の知的社会、あるいは言論界が劣化したことを表す象徴的な事件の1つだと感じます。

第5章

アジアを動かす米英中の野望とロシア

北朝鮮問題とシリア空爆

河添：北朝鮮問題については、今後どうなると思われますか？　2019年2月にベトナムの首都ハノイで行われた米朝首脳会談は事実上の決裂、などとマスコミは報じましたが、私はそんな風にはまるで考えていないですが。

馬渕：前年（2018年）の年明けからのアメリカと北朝鮮の関係を見ていますと、最近の進展について、面白い一致があるんですよ。1つは、金正恩《キムジョンウン》労働党委員長がアメリカに対するあからさまな挑発をやめて融和モードに転じたのは平昌《ピョンチャン》五輪開催前、突然のことでしょ？

この年の1月下旬、トランプさんが初めてダボス会議（毎年1月スイスのダボスで開催される世界経済フォーラム）に出席しました。ダボス会議はご承知のように、この対談でもよく話題となるもの、いわゆる国際的な金融勢力というか、世界秩序を今まで事実上つかさどってきた人たち、つまりグローバリストたちが主催している会議です。

会議では、トランプ大統領とかそういった人たちの間でいろいろな話し合いが行われたはずで、そのうちの1つが北朝鮮問題だったのではないかと。そして、おそらくトランプ大統領との会談によって、こういう人たちが北朝鮮から手を引いたのではないかと私は想像しているんです。その代わり、別の件でトランプ大統領は譲ることにした。それが4月のシリア空爆だったと思います。

随分前なのですが、イスラエル軍がシリアの核施設を攻撃しています。そういう記事が、今頃になって出るんですよ。しかも「その核施設は北朝鮮が技術支援した」という内容なんです。シリアを叩くってことは、北朝鮮を叩くっていうことです。「トランプは長距離核ミサイルだけ廃止させて、他は妥協するんじゃないか」ってバカなことを言っている人がいますが、そんなことはありえません。北朝鮮による核技術の拡散を認めることになり、イランやシリアといった、イスラエルの敵国に核技術が移転することになります。

だから、トランプは徹底的に北朝鮮の非核化をやると思います。それに金正恩が応じなければ、トランプは本当に軍事行動で叩きますよ。

河添：私もそのように思っています。それと北朝鮮がシリアに技術指導に行ったとか、軍事技術や武器が北朝鮮からシリアに動いているって話は国連のレポートにも出ていました。国連すら、もう見放したなと。

金正恩

馬渕：トランプはシリアを空爆し、グローバリスト勢力は北朝鮮から手を引く、ということで手を打った。中国についてもある意味、そういう取引が行われている可能性はあります。

国際金融資本家らにとっても、もはや朝鮮半島に拘泥《こうでい》していても仕方ない。

今までは北朝鮮から武器をあちこちへ密輸させたり、核兵器開発の協力をさせたりして、世界を混乱させるためのトラブルメーカーとして利用してきたわけです。しかし、その役割がもうなくなったってことでしょう。

シリア、化学兵器施設への空爆（2018年4月7日）　©Abaca/アフロ

プーチンに袖にされた金王朝

河添：金正恩委員長は２０１９年４月25日、ロシア極東のウラジオストクで、ロシアのプーチン大統領との初の首脳会談に臨みました。アメリカも露朝会議に事実上、間接的に参加したような流れでした。というのも、露朝首脳会談の８日前に、「プーチン大統領通」とされるフィオナ・ヒル米大統領特別補佐官を、クレムリン（ロシア大統領府）に送り込んで、プーチン側

のスタッフと入念な会議をしたからです。

結論的には、金正恩一行にとってこれ以上ないほど「残念」な露朝会談だったのではないでしょうか。プーチン大統領は前年の1月11日、ロシアの記者団との会合で、金委員長について「やり手の成熟した政治家」「今回の対決に明らかに勝利したと思う。核兵器を保有し地球の大半が射程に入るミサイルを開発するという戦略上の任務を完了した」と発言しました。すなわち、金王朝にとって最高で最強の味方のはずだとの希望を捨てず、切り札的な気持ちでロシアへ乗り込んだのではないかと。

馬渕：ところが、プーチン大統領は「貿易、経済、人道問題の分野で協力する」との発言はしたようですが、主旨は「我々の利益はアメリカと一致している。完全な非核化だ」と断言しました。もちろん、共同声明の類いも発表されませんでした。

トランプ大統領とプーチン大統領の意向が完全に一致していることを思い知らされ、金正恩一行は愕然《がくぜん》としたはずです。翌日のバレエ鑑賞などのスケジュールはすべてキャンセルし、1日前倒しで帰国してしまいました。ハノイでの米朝会談後も、うなだれた姿が映し出されていましたが、挫折に続く挫折だったのでしょう。

河添：金正恩委員長はプーチン大統領に、「アメリカが一方的で悪意的な態度をとったため、朝鮮半島情勢が膠着《こうちゃく》状態に陥り、原点に戻りかねない危険な状態に至った」と語り、責任はアメリカにあることを伝えたと朝鮮中央通信は、露朝会談の翌日に報じました。それは核開発再開の言い訳ってことでしょうかね。

いずれにせよ、プーチン大統領からはアメリカ批判はありません。馬渕大使がおっしゃっていた通り、イランなどへ「核の横流し」をする北朝鮮を、もはや容認しない姿勢はプーチン大統領も同じってことですね。

馬渕：プーチンとトランプは「核の横流し」を完全に封じる考えで一致しています。そのためにも、北朝鮮に対しては核の全面放棄が必然的な要求なんです。

それからもう1つ、北朝鮮にはプーチンも絡んでいますが、中東やシリアほどは絡んでいないんですよ。アメリカの反プーチン勢力、たとえばゴールドマン・サックスなどは、彼らの世界秩序に乗ってこないプーチンをなんとか倒したいと虎視眈々《こしたんたん》とそのチャンスを狙っているのです。

河添：さらにプーチンは2024年まで、ロシアの大統領を務める予定ですしね。

馬渕：そうすると、プーチンを痛めつけるにはどちらがいいかと考えると、北朝鮮ではなくて中東ということになったのでは？　というのが私の推測なんです。

それで一番慌てているのが、北朝鮮であり金正恩ってことですよ。だから、お願いしてのこのことロシアに出かけて行ったのでしょう。

金正恩は今まで、彼らから「もっと挑発しても大丈夫だ、やれやれ」って、アメリカに対する挑発行為をそそのかされてきました。それなのに、その人たちが突然、退いてしまい、孤立させられた。だから融和路線に切り替え、さしあたり中国のご機嫌をうかがうことにして、ゆくゆくはトランプ大統領にすがる、そういう流れなんじゃないかという感じがしてならないんですね。

河添：私には、金正恩委員長はすでにトランプ大統領に命乞いをしているように見えます（笑）。ルーマニアのニコラエ・チャウシェスク大統領夫妻やイラク共和国のサダム・フセイン大統領のような悲惨な末路にならないよう。

逮捕後のサダム・フセイン
元大統領（2003年12月）

核のボタンが生命線で、武器密輸と核拡散、偽札刷り、麻薬密売あたりが錬金手段という〝トンデモ独裁者〟から頼られるトランプさんは余裕（笑）。人心掌握術にも長《た》けていると思います。

コケにされた本来の主役――ダグラス・マッカーサー

馬渕：それから、現在の朝鮮半島の情勢は、1950年の朝鮮戦争を検証してみなければ、よくわかりませんよね。朝鮮戦争っていうのは、それこそアメリカが、当時、北朝鮮の金日成《キムイルソン》主席に餌をまいて、わざと韓国に侵攻させたことで始まりました。

その上で、北朝鮮を国連軍という形式で叩いて、中共に介入させ、中共軍を徹底的には叩かずに戦争を長引かせた。そして最終的には38度線で休戦協定を結ばせた、簡単に言えばそういう流れですよね。

河添：朝鮮戦争で連合国軍最高司令官のダグラス・マッカーサーが、どういう役割だったのかを含め、ここで馬渕大使に検証していただければと思います。

馬渕：実はマッカーサーは、本当の意味での主役でしたが、一言で言うなら「コケにされた主役」ですね。その理由はマッカーサーの回想録を読むとよくわかります。私も朝鮮戦争に関心を持ったのは、『マッカーサー回想記』（津島一夫訳・朝日新聞社・1964年）を読んだからなんですね。

国連軍の司令官として、仁川《インチョン》上陸作戦の指揮を務めたりしたマッカーサーによれば、あの戦いで林彪《りんぴょう》が総司令官を務める中共軍（義勇軍）が入ってきたでしょ。その時に、マッカーサーは、中共軍が入ってくる鴨緑江《おうりょくこう》の橋を叩く許可をワシントンD.C.（ホワイトハウス）に求めたんですね。『回想記』にそう書いてあります。

ところがその返事は「NO」。しかも、「鴨緑江の北朝鮮側8キロメートルの地帯は爆撃してはいけない」とも。つまりそこは「聖域」なんですよ。そうすると、中共軍は橋を渡って自由に入ってくる。ここに陣地を敷けば国連軍は決して攻撃してこないっていうことがわかるから。

それでマッカーサーは怒るわけです。『回想記』にははっきりと書いているんですよ。「林彪は我々の作戦内容を知っていた」って。それもどうやって知ったのか？　イギリスが漏らしたからなんですよ。イギリスとアメリカは同体で、イギリスから、インドとか、あるいはソ連を通じて中共の林彪のところにその作戦が漏れた。だから林彪は「絶対に攻撃してこない」ということを知った上で、朝鮮戦争を戦った。マッカーサー

ダグラス・マッカーサー

マッカーサー解任・リッジウェイ着任を報じる新聞（世界通信）

がそう証言しているんです。

もう1つのポイントは、蔣介石が「自分も国連軍に参加して中共軍と戦いたい」と言ってきた。マッカーサーもそれに賛成して、その許可を当時のハリー・S・トルーマン大統領に求めたら、「ダメだ」って却下されたんです。

河添：アメリカ首脳部は、台湾へ逃げ込ませた蔣介石ら中国国民党軍を、国連軍として朝鮮戦争に参加させたくなかったんですよね。

馬渕：そういうことですね。そんなわけで、マッカーサーはアメリカ政府の意図がわからなくなって、「我が政府は一体何がしたいんだ」と思ったわけです。マッカーサーは「ワシントンではどうも蔣介石を国連軍に参加させることに反対する国際的な影響力が強い」って言っているんですよ。国際的な影響力とはイギリスのことを指しているんですけどね。

当時のアメリカの首脳部の布陣を見てみますと、大統領はトルーマンですけど、国防長官があの「左」のジョージ・マーシャルです。それから、国務長官が「韓国はアメリカの防衛線の外だ」と言ったディーン・アチソンでしょ。つまり、こういう親中派というか左の連中が、国防長官とか国務長官を務めていた。そんな状況で朝鮮戦争が戦われました。

マッカーサーは、そのアメリカ政府の真意を知らされていなかったわけです。だからクビを切られた。「余計なことばかりやって、全然言うことをきかない」と言われてね。

マッカーサーだけでなく、その次の次に国連軍の司令官になったマーク・W・クラークという人物がいます。のちにこのクラーク将軍が休戦協定にサインをすることになるんですが、彼もマッカーサーと同じことを言っているんですよ。「自分は勝つための兵力とか武器を与えられなかった。だから、目の前でアメリカ軍の兵士が中共軍に殺されるのを傍観せざるをえなかった」と反省しています。

これが朝鮮戦争の真実なんです。このことを世界は知るべきです。朝鮮戦争っていうのはなにも国連軍……まあ実態はアメリカ軍ですけど、アメリカが共産主義勢力を抑えようとしてやった戦争ではありません。

ジョージ・マーシャル

マーク・W・クラーク

河添：1945年12月、トルーマン大統領から中国における全権特使に任命され13カ月滞在したマーシャルですが、任務開始早々、国民党軍と中国共産党軍に停戦を持ちかけ、蔣介石を大幅に譲歩させるなど、スタンスとしてはずっと中国共産党軍を助けてきました。蔣介石との会談では、「延安の共産党軍はとても強力なので制圧を期待しても無理だ」「彼らを政府に参加させる努力が先決だ」などと言ったことも記録に残っています。

フリーダ・ユトリー（Freda Utley）の著書『中国物語』（1951年刊）によれば、「（中国共産党も）マーシャル将軍を、諸手《もろて》を挙げて歓迎した」と記されています。マーシャルはコミュニスト、国際金融資本家の手先でしたね。

馬渕：アメリカは当時、今でいうグローバリストが大統領の背後にいました。つまり、そういう人間たちが朝鮮戦争を、はっきり言えば仕組んだわけです。それに同じく広い意味ではグローバリストの影響下にあったソ連の最高指導者ヨシフ・スターリンが協力させられました。

だって、スターリンが国連軍の創設をOKしたわけですからね。この時、常任理事国のソ連は安保理審議に欠席したから国連軍ができました。それが朝鮮戦争だったんです。この戦争からわかることは、北朝鮮っていうのは簡単に言えばアメリカ、イギリスの金融勢力に利用されていた政権ということです。だから、これまでずっと彼らが北朝鮮を背後から支えてきたのです。

河添：ジョセフ・マッカーシー上院議員が、朝鮮戦争が勃発した同年、「国務省に潜む共産党員の名簿を入手した」と発言し、「マーシャル国務長官らはソ連に通じており、密かに中国共産党政権の樹立を支援した」と容共政策を進めた国務省や陸軍幹部らの責任を激しく追及しました。

フェイクニュースとは何ぞや

河添：アメリカのシンクタンクの分析専門家による、「金正恩委員長は、10代の若者のような交渉をする」という指摘がCNNで報じられ、全米で注目を集めたようです。一方、NHKスペシャルが『キム・ジョンウンの野望』（全3話）を2018年4月に放送しました。私は観ていないんですが、「金正恩を素晴らしい指導者である」と讃えるような内容だったとか。

馬渕：私も、それは観たことがないんですけどね。日本のNHKもアメリカのCNNとかABCと同じかなと思ってね。スイスで勉強したかどうか知らないけれど、あんな30歳そこそこの若者が立派な指導者になれるはずがないですよ。私だって40年も外交官をやったって世界の動きの奥底はよくわからないのに、数年では不可能です。

そういう認識もなしに、「いや、金正恩はものすごく戦略家だ」とかなんとかって言うのなら、僕は本当にNHKの知性を疑いますよ。番組制作者に知性があったとしても、NHKもそういうグローバリスト勢力に浸透されているんでしょうね。

笑っちゃったのは、NHKが「フェイクニュースとは何ぞや」っていう内容のドキュメンタリー番組を作ったんです。「放送記念日特集　フェイクニュースとどう向き合うか〜〝事実〟をめぐる闘い〜」というタイトルで、2018年3月に放送しました。「マケドニアにフェイクニュースを制作している小さな会社があることを突き止めた」なんて言っていましたけどね。NHK自体がフェイクニュースだって僕は言っているんですよ。何を言っているのかと（笑）。その程度なんです。今の日本のメディアの認識がね。

河添：最近たまたま、マケドニアのフェイクニュース制作会社の社長をレポートした別の局の番組コーナーを観たんですが、制作会社側に罪の意識はゼロ。それどころか、「皆、儲けているからいいだろ」と開き直っていました。ただ、大統領選挙前などには世界からオファーが来るみたいです。フェイクで相手をディスって優位に立つ戦法は下劣ですが、醜い戦い方の1つってことですね。ノンフィクションにこだわる自分が、なんかちょっとだけ虚しくなりました（笑）。

いずれにせよ、マケドニアの話にフェイクニュースが矮小化《わいしょうか》されること自体が滑稽《こっけい》ですね。世界はフェイクニュースまみれだし、独裁政権下では権力にご都合主義なプロパガンダしか存在しないのに。

馬渕：日本政府も表立ってはなかなかやりにくいのかもしれないけれど、地上波にフェイクニュースが溢れていることを暴くべきですよ。アメリカでも、トランプさんが先頭に立って暴いているんだから。

河添：実際、習近平主席が2014年に提唱した「一帯一路」構想の話でも、メディアは決してネガティブに見えないようカモフラージュします。現実として、それは完全に中国共産党の利権であり、軍拡につながっているわけです。我々に銃口が向いていることを含めて。

それ以外だって、中国大陸の労働者が東南アジアに大挙して移住して、地元の港や港湾が中国共産党系の企業に乗っ取られて、地元民は誰も儲からないどころか恩恵にも預かっていませんよ。そういった事実を大メディアは支局だってあるんだから、大特集していろいろと報じるべきです。

それと、必ずプーチンは「世界の悪者」です。役柄がこれほど固定されている政治家は他にいないっていってほどに（笑）。

馬渕：それはCNNなり、アメリカ……つまりウォール街の発想なんですよね。

河添：2018年3月、ロシアの大統領選挙の直前に、イギリスにいたロシアの元スパイが親子で暗殺未遂に遭ったという報道が出ました。メディアは即刻、プーチンによる犯行だと。あの時期に、そんなことするわけないと思いました。

馬渕：やるわけがない。大統領選挙の前にわざわざ自分の不利になるようなことをね。

河添：やるとしたら、ロシアの反プーチン派かイギリスのMI6（秘密情報部）あたりかなって。それなのに、テリーザ・メイ首相は「プーチンがやりました」的な見解を発表したわけです。選挙直前にやる意味がないし、元スパイなんてとっくに過去の人ですよ。

その後もこのニュースに関して追っていったら、暗殺未遂に遭った親子の住む地元の人たちは「プーチンが指示したとか、そういう風にはとても思えない」とコメントしていました。つまり、メイ首相の発表の方に違和感を持っていると。

馬渕：おっしゃる通りですよ。メイさんもびっくりして、誰かが上げてきた――おそらくMI6でしょう。確証がないから断定はできないけれど、その情報を鵜呑みにして発表せざるをえなかったんだと思いますよ。

河添：普通に判断してもおかしいです。もし、本当にその元二重スパイの方を消すんだったら、もっと昔に消しておくか、大統領選挙が終わったあとでいいんですよ。

馬渕：そう思います。このお話も面白いご指摘だったんですが、それと同じことがシリアの化学兵器の一件です。２０１８年4月の話ですが、シリアのバッシャール・アサド政権が反体制派に化学兵器を使用したというニュースが世界中に報じられました。

　場所は、首都ダマスカス近郊の東グータ地区ドゥーマです。その数日後に、米英仏が共同でシリアの化学兵器施設を爆撃したんですね。あれだってシリアのアサド大統領は、反体制派にもうほとんど勝っていました。それなのにわざわざ化学兵器を使うようなことをして、世界を敵に回す必要なんてどこにもなかったわけです。

　そもそも証拠のない時点で、断定こそしていませんでしたが、疑惑だけで動いたんです。それを欧米のメディアは、「アサドが化学兵器を使ったはずだ」って報じるわけですよね。

　そんなこと、トランプ大統領は当然わかっていたはずだけど、そこは妥協してシリアを叩いた。しかしその時に、駐留ロシア軍やアサド軍の中枢は叩かなかったんです。それは前年の２０１７年秋、習近平一行の訪米時にシリアに59発ものミサイルを打ち込んだのと同じです。

河添：ありましたね。トランプ大統領と習主席らが一緒にデザートのチョコレートケーキを食べている時、突然、発表したという（笑）。

馬渕：今回も同じで、アメリカの反トランプ勢力に対するガス抜きだったと私は思っています。

トランプが勝利した米朝首脳会談

馬渕：北朝鮮の話に戻ると、グローバリストたちが退いてしまったら、もう金正恩は「お願いします」とアメリカの言う通りにやらざるをえないと思うんですね。

実は、広い意味でその路線を敷いたのは、安倍首相ですよ。「北朝鮮に圧力をかけ続けなければいけない」と言って、トランプ大統領にもそう説得した。2018年4月に行われた、フロリダでの日米首脳会談もそうです。それもあって、同年6月と翌年2月の米朝首脳会談は結局、トランプが勝利したと私は思っています。

だからこれからもし、金正恩が四《し》の五《ご》の言うようだったらトランプ政権は攻撃しますよ。今度は軍事攻撃。すでにそのための布陣は、ちゃんとできているんです。

河添：マイク・ポンペオ国務長官とジョン・ボルトン大統領補佐官が脇を固めていますからね。超がつくほど強硬派の布陣です。

馬渕：もうこれで決まりなんです。そういう意味では、金正恩はもう何もできない。

河添：特にボルトンさんは、イラク戦争の際、イラクのフセイン大統領を窮地に追い込んだ人ですからね。実のところ、あまり良い印象はなかったのですが。

馬渕：あの時のやり方は、僕も感心しなかったけどね。フセインが大量破壊兵器を所有しているという世論を煽ったのは、ボルトンさんです。フセインは金正恩ほど悪くなかったのにね。簡単にやられちゃった。だから、金正恩を叩くことなんてなんともないわけですよ。

河添：ボルトンさんは最強のヒール役、って感じですね。

馬渕：「北朝鮮はしたたかで、今までアメリカを騙してきた」って言っているけれどそうではなくて、アメリカがあえて騙されてきてあげた。というか、それを黙認してきた。良く言って黙認、悪く言うなら繰り返しになりますが、実はアメリカ大統領の背後にいるグローバリストたち、ディープステートが北朝鮮を支えてきたんですよ。

そうでなければ、北朝鮮のような小国が、アメリカを正面から挑発できるはずがありません。

マイク・ポンペオ

ジョン・ボルトン

そんな単純な疑問に、日本のメディアや知識人も、それから世界のメディアも、まったく答えていませんね。今、いかにも「金正恩はしたたかで、いろいろと工作に長けている」とか言う人がいるけれど、とんでもない（笑）。

河添：東アジアの半島に東西冷戦の終結後もずっとのさばってきたのは、世界の権力者らにとっての都合があったということですね。

馬渕：その通りで、トラブルメーカーとして北朝鮮を利用してきたわけです。それを、トランプさんが出てきて引っくり返しちゃったわけですからね。再三、申し上げたように、これで世界の構図が変わったなと私は感じているんです。

習一派と金王朝は敵

河添：若輩で恐縮ですが、ここで少し中朝関係のディープインサイドというか私の見解をお話ししたいと思います。2018年の南北会談の初日は、1月9日に設定されました。この日時についてですが、たまたまこの日に設定されたわけではないように考えています。

というのも2017年9月、北朝鮮による6回目の核実験を受けて国連安全保障理事会で決定した制裁決議に便乗《びんじょう》した中国商務部（省）は、「制裁決議の採択日から120日以内に、北朝鮮の個人・団体が中国に設立した合弁企業や全額出資企業の閉鎖を命じる」「中国企業が北朝鮮の個人・団体と共に、中国以外で設立した合弁企業も閉鎖対象」との通達を出しました。この政策がどの程度、実行に移されたかは別として、習政権は事実上、北朝鮮を見放す、一時だとしても、いわば縁切り宣言をしたと考えました。この「120日以内」のデッドラインが1月9日でした。

馬渕：なるほど。ダボス会議の直前で、その後のトランプなどの動きと符合しますね。

河添：はい。金委員長は「習近平政権との決別」「朝鮮半島のことは我々朝鮮人で決める」との〝主体思想《チュチェ》〟で、南北会談を同日から始めることに決めたのかなと。中国商務部の部長に就いた鐘山は、浙江閥《せっこう》で習近平主席のバリバリ〝子飼い〟の1人です。

北朝鮮メディアはその頃、「民族自主」「我が民族同士」の原則と「外国勢力排撃」を連日、主張していました。「外国勢力排撃！」と叫んでいましたが、それは「習近平一派」「中国製品」と私には聞こえたわけです。

また、北朝鮮の官製メディアは、2017年後半から、「安保理制裁」という表現を「中国による制裁」へと変えました。さらに「中国は1000年の宿敵」とのプロパガンダを強めてもいました。アメリカや日本は北朝鮮にとっての「100年の敵」と位置付けられていましたが、朝鮮半島にとっての未来永劫《えいごう》の敵は、覇権主義・膨張戦略で「民族浄化を続ける中国」なのだと思います。

北朝鮮は、満洲民族（女真族《じょしんぞく》）、ウイグル民族、モンゴル民族、チベット民族、そして在中国の同胞の悲劇や差別の実態を熟知しているはずです。かつての朝鮮戦争で、中国から戦地へ送り込まれたのも満洲民族や朝鮮民族など非漢民族系が多かったと言われています。「中国にだけは心を許すな」と生前、金正日《キムジョンイル》が言っていたとの話も漏れ伝わっています。

２０００年代初頭の一時、若き金正恩は中国の改革開放政策に強い関心を示していたとされますが、父親の遺訓であり、北朝鮮においての自身の求心力を高めるためにも核・ミサイル開発に邁進する「先軍政治」を貫きました。もちろん、馬渕大使がおっしゃる通り、世界の後ろ盾があったからこそでしょう。

拙文や拙著でこの数年、記してきたことですが、長い間「兄弟国」の関係だった金王朝と中国は今、史上最悪の間柄になっています。北朝鮮で２０１３年に、事実上のナンバーツーだった叔父の張成沢《チャンソンテク》ら親中幹部らの粛清が行われました。さらに、習近平政権が船出して以来、「トラもハエも」の掛け声で、親北朝鮮の軍人ツートップを含む江沢民派の最高幹部らが次々と刑務所や鬼籍に送り込まれていきました。

馬渕：北朝鮮と江沢民一派が軍拡をしてきたと。

河添：はい、さまざまな事実の積み重ねで、そのように解析しています。もっと正確に言えば、90年代以降、ビル・クリントンらと江沢民一派、台湾の国民党軍の一部、金王朝のラインだったと。

馬渕：クリントン大統領時代の１９９４年に、北朝鮮の軽水炉原発の建設を支援するカーター・金日成合意が成立していますね。

河添：それと、北朝鮮を皆が欲しているかもしれない興味深い数字があります。推定6兆ドルから10兆ドル。これは欧米諸国の専門家らによる、北朝鮮の埋蔵鉱物資源の〝推定価値〟のことです。山岳地帯の地下には、金、鉄、マグネサイト、タングステン、無煙炭、銅、石灰石など、ハイテク製品の製造に必要なレアアース（希土類）を含む鉱物資源が約２００種類、眠っているとされます。

アメリカの地質調査機関は、北朝鮮が保有するマグネサイトは世界第2位、タングステンは6位と見積もっており、イギリス、オーストラリア、マレーシア、シンガポールの企業なども、北の鉱物資源調査を実施済みのようです。

北朝鮮は１９７０年代、鉱業を最優先順位に置いたものの、機材不足や技術不足、さらにインフラが未整備であることから採掘が進みませんでした。それが金正日総書記の時代になると、核開発への野望を満たすためにも〝潜在的な宝の山〟を切り札に、世界から経済支援を得た〝実績〟があります。

原子力燃料資源に食指を動かす米英中露、そしてフランスやドイツなどは、2004年頃から、北朝鮮へ直接、あるいは中国経由で鉱山開発権を得るため大量に資金を流し込んでいきました。吉林《きつりん》省を本拠地とする企業3社も、国境地域の茂山《ムサン》鉱山の50年間の開発権を2005年に取得しています。

資源利権の争奪戦の中、「北朝鮮の一部地域で独占的に鉱物資源の開発をしている中国は、貴重な鉱物の閉鎖された市場を維持することに興味を持っている」との揶揄も、英字メディアに踊りました。

近年、北朝鮮による対中貿易量の55％前後が鉱物貿易とされますが、闇貿易や迂回貿易などを含めれば、ケタ違いの収益を確保してきたはずです。ただ、その利益構造を長年、牛耳ってきたのは江沢民派であり、旧瀋陽《しんよう》軍区（現北部戦区）と表裏一体の東北3省（遼寧《りょうねい》省・吉林省・黒竜江《こくりゅうこう》省）にある軍産企業だったと考えられます。

すなわち、「中朝ビジネス」とはいえ〝習皇帝〟には旨味がなかったってことです。その状況を抜本改革、すなわち北朝鮮利権を江沢民派から奪取するためにも、江沢民派大物幹部を次々と粛清し、中朝錬金ルートを切断し、国連安全保障理事会決議にも歩調を合わせ、関連企業を閉鎖に追い込むなど〝兵糧攻め《ひょうろう》〟にしてきたのかと。

とすれば、２０１８年３月、北朝鮮の金正恩朝鮮労働党委員長が電撃的に北京を訪問、習近平国家主席と非公式の首脳会談をしましたが、この〝茂山〟を貢物に、関係改善の一歩を踏み出したのかな？　とも勘ぐったりしてしまうわけです。

それにしても、朝鮮半島の北部が〝宝の山〟であることを金王朝と世界に知らしめたのは日本です。朝鮮総督府の殖産局鉱山課が、昭和初期に地質調査を重ね、「朝鮮鉱業の趨勢」を刊行しましたから！

中国の属国になっていたマレーシア

河添：マレーシアでは、２０１８年５月、当時92歳を迎えていたマハティィール・ビン・モハマド元首相が、ついに野党連合のトップとして選挙に出馬しました。そして見事、15年ぶりに首相に返り咲きました。私は大感動したわけですが、相当にお年であることも事実です。ただ、全然ボケていらっしゃらないことはユーチューブ等で、確認しました。ご本人も、「僕はボケていない」と。お話を聞いていても、「あのー」も「うーん」も「えー」もない、しっかりと

マハティール・ビン・モハマド

した口調でお話しされています。

マハティールさんがご高齢で選挙に出馬されたことから、前首相のナジブ・ラザク政権がどれほど最悪か、「中国の犬」になっていたのかがわかります。

ナジブ首相はもちろん、お父さんのアブドゥル・ラザク元首相（マレーシア第2代首相）は中国と国交を樹立した立役者ですから、親子2代で中国共産党とは深い関係にあるわけです。しかし、たとえば電力会社なども、中国に100%売ってしまった。国のルールでは49%までだったのに、それを無視して売っちゃったんですよね。そういう風にやりたい放題やっていました。

さらに、電子マネーその他いろいろな部門はアリババ、すなわち中国の会社を顧問にしてポンと任せていました。マレーシアは、中国の属国になりつつあったわけです。

そういった状況に危機意識をマックスに高めたのが、知的でナショナリストのマハティールさんでした。マハティールさん自身はナショナリスト過ぎて、かつては国際金融資本家たちに嫌われたのかなと思うわけですが、このたびは、彼らもマハティールさんを応援していたことが感じられました。

馬渕：マハティールさんのお気持ちはよくわかりますね。今のマレーシアは、明日の日本の姿でもあります。マハティールさんは１９８１年７月から２００３年10月まで、第４代首相としてご活躍されました。私がタイに赴任していた時期ですが、１９９７年にはアジア金融危機が起こっています。

その当時、アメリカの大統領はビル・クリントンだったんですが、同じく当時副大統領だったアル・ゴアが来て、もうクソミソにマハティールさんを貶《けな》したんですよ。マハティールが自分たちのいう通りにならなかったから。

ご承知のように、マレーシアだけはＩＭＦ（国際通貨基金）の管理下に入りませんでした。だからこそ、マレーシアが最初にアジアの金融危機を脱したんです。

アル・ゴア

ＩＭＦの管理下に入ったタイ、インドネシア、韓国は、ＩＭＦの民営化方針のもと、外資に蹂躙《じゅうりん》されてすべてダメになりましたけれどね。

マハティールさんが一度退いたあと、ナジブがマレーシアを換骨奪胎《かんこつだったい》というか、中国の属国のような国にしてしまったわけです。

マレーシアで続発した不可解な事件の裏にあるもの

馬渕：それで思い出したんですが、ここ数年間、マレーシアを中心におかしな事件が続発していました。

河添：2014年3月にマレーシア航空370便が北京に向かう途中で消息を絶ち、7月には同じくマレーシア航空17便が地対空ミサイルによって撃ち落とされる大事件が発生しました。

馬渕：ウクライナで撃ち落とされたんですよね。

河添：そうです。しかもこの事件もロシアのせいになっているんですよ。いつも、なんでもプーチンが悪者扱いです（笑）。

馬渕：ロシア人が持ち込んだミサイルでロシア人が撃ち落とした、という風に。マレーシアはあの時、ウクライナ危機との絡みで使われたのでしょう。当時の首相がマハティールさんだったら、利用されなかったけれども、ナジブだから利用できた。一旦、利用されるとズブズブの関係になって、グローバリストたちの金融資本に全部取り込まれてしまうということですよ。

念のために触れておきますが、この撃墜事件については、さまざまな調査が行われましたが、結局、ウクライナ東部の親ロシア勢力が撃墜したとの証拠は認定されなかったのです。最大の犠牲者が出たオランダが調査を主導し、２０１５年10月13日にオランダ安全委員会が最終報告書を発表しました。「ロシア製ミサイルによって撃墜された」と結論づけましたが、誰がミサイルを発射したかについては特定しませんでした。

ということは、ロシア側ではなかったということであり、ウクライナ側が撃墜した可能性が高いのです。その後、２０１８年5月24日に発表されたオランダ、オーストリアなどの国際合同捜査チームの報告書においても、使用されたミサイルがロシア領内から持ち込まれたものだと指摘しましたが、撃墜した犯人は特定できませんでした。

　彼らはなんとかロシアの仕業《しわざ》と決めつけたかったのですが、その証拠が出てこなかったということです。この2回の調査によって、ロシア（プーチン）黒幕説は完全に晴れました。

河添：しかも、ナジブ首相の側近たち、元アメリカ大使を含めた政府高官が乗っていた民間ヘリコプターが、２０１５年にゴム園に墜落しました。空中爆破だって報じられています。

馬渕：それはもう完全にテロですね。

河添：暗殺されたと考えられます。ですから、ナジブさん自身も震えながら政権をやっていたのかなと。そもそもは、２００８年に設立されたワン・マレーシア・デベロップメント（１ＭＤＢ）という政府系ファンドが立ち上がり、中近東のお金をクアラルンプールに集めようとしてきたわけですが、その中の24億ドルほどが消えたんですよ。最近の報道では消えたお金はもっと巨額だったようですが。

馬渕：お金が？

河添：はい、お金が。しかも、そのお金が消えたことを、イギリスのゴードン・ブラウン元首相の義理の妹が暴いたんです！　そのお金が消えた時、ナジブ首相の周辺にいた疑惑の1人がジョー・テック・ローという華人系実業家でした。その人物と、サウジアラビアのターキー王子などがタックス・ヘイブンの英領ケイマン諸島でマネーロンダリングしてお金が消えたとか。

いずれにせよ、そのあたりから、ナジブ政権はガタガタと崩れていくわけです。マハティールさんは、フェイスブックなどで発信し、反ナジブの急先鋒になっていきます。それが2014年。そこから私も再度、マハティールさんに注目してきました。

そして、とうとう90歳を過ぎて選挙にまで出ました。「僕はこの歳だし、出るつもりはなかったけど、皆に推されて。最後のご奉公だと思う」とおっしゃっていましたが、感激しました。ただ、ご高齢のマハティールさんが出馬しなければいけないほど、マレーシアはおかしくなっていたのは残念ですが。

馬渕：マレーシアで有名なブミプトラ政策（マレー人優遇政策）は、もう事実上なくなったたっていうことですか？

河添：あったとしても、マジョリティのマレー系には力がないのでしょうね。政治・経済と共に華人系が牛耳っていますから。特に銀行は戦前からユダヤ系左派とつながっていた客家系が中心です。

金融スキャンダルにはマッチポンプが多い

馬渕：面白いですね。そういう金融スキャンダルのお話は、大体マッチポンプっていうか偽旗作戦というべきか。ようするに「敵は本能寺」に利用されている危険があるということなんです。日本でもいろいろありますよね。２０１７年10月に発覚した神戸製鋼所の品質データ改ざん事件も、似たような話なんです、日本企業が何か悪いことをしたように報道されることが多いけれど、これにはマッチポンプ的な問題があるんです。広い意味で、これもテロの1つの可能性があると思って注意しなきゃいけない。今おっしゃったようにマレーシアがいい例ですよね。

少し前の話になりますが、イラクのフセイン政権が倒された理由の1つも、金融に絡む問題だったんですよね。アメリカの銀行がイラクにお金を貸していてね。それで突如、「フセインはそのお金を使って大量破壊兵器の開発に使っている」なんて嘘を言って、融資を引き揚げようとしたんです。そういうことが行われるんです。だから外資を入れるっていうことは、よほど気をつけなければならない。「外資性悪説」で我々は行動しないとね。

河添：はめられた、ってことですよね。

馬渕：はめられるんです、必ず。

河添：マレーシアで消えた24億ドルも、ナジブ首相とその周辺が盗んだみたいな話になっていますが、ナジブ自身は「自分はそんなことはしていない」と主張し続けていました。

馬渕：大体、ロイター通信がそういったニュースを流して、イギリスが「そうではないか」とそれに乗っかる。そのうちCNNまで「その通りだ」って言ったら、もうそれで世界の大勢は決まっちゃうんです（笑）。そういうことに我々は気をつけないといけないんです。

河添：政権交代で就任したマハティール首相は、前政権時代の汚職の解明を優先課題と位置付け、ナジブ元首相や妻のロスマ・マンソール夫人らを資金洗浄などの罪で逮捕・起訴しました。

正直、妻のロスマ夫人は見た目からして相当にホラー系です（笑）。フィリピンのイメルダ・マルコス夫人を彷彿《ほうふつ》とさせますが、物欲にまみれた贅沢三昧《ぜいたくざんまい》な生活を送っていたようです。案の定、あだ名は「マレーシアのイメルダ夫人」。現金や宝石が詰まった大量の高級バッグなどの押収品が、トラック５台で運び出される様子が報じられました。

その後、ゴールドマン・サックスも１ＭＤＢの事件に関係していることが英字メディアに次々と噴出しています。米司法省が「巨額の資金流用に関与した」と、ゴールドマン・グループ元幹部行員２人を起訴したことが２０１８年11月に報じられました。金額もどんどん膨らんでいるのか、最近の報道では総額45億ドル以上の不正流用の疑いが浮上しています。

ナジブ・ラザク元首相の妻、ロスマ・マンソール夫人
©ロイター/アフロ

司法省によると、ゴールドマンは２０１２年から翌年にかけて60億ドルを超える１ＭＤＢの債券発行を引き受け、約６億ドルの手数料を得ました。政府高官への贈賄は債券引き受けなどの案件を獲得する目的だったということです。贈賄以外にも、ニューヨークの不動産や美術品の購入に資金が不正に流用され、横領総額は27億ドル以上に上るとか。

さらに、米ウォール・ストリート・ジャーナルは、ゴールドマンのロイド・ブランクファイン最高経営責任者（当時）が、１ＭＤＢの不正で中心的役割を担ったロー被告と、２００９年と２０１３年の２回にわたり面会していたと報じています。

この面会は、ナジブ前首相とブランクファイン氏を引き合わせるために設定されたものだったとか。

馬渕：かつて、「ガバメント・サックス」との呼び名があったゴールドマン・サックスも内部が揺れている感じですね。

河添：そのようです。ふと、思ってしまったのですが、リーマンショックならぬ、ゴールドマンショックが次に来たりして！

マレーシアは戦後、イギリスの支配とナショナリズムに長く揺れてきたわけですが、第3章でお話ししたように、ナジブ政権時代に、中東、イスラム圏のお金を集中させようと、アメリカ左派と中国共産党の一部の新興ディープステートもどきが考え、1MDBを創設したのではないのでしょうか？

ちなみに、1MDBの消えたお金に絡んでいるとされる華人のロー被告は今、中国に逃げ込んでいます。彼は手足だったと考えられますが、これはディープステートが一枚岩ではないというか、ガタガタしていることの現れではないかなどと考えています。

ロヒンギャ問題の責任はイギリスにある

馬渕：せっかくマレーシアのお話が出たので、その関連で言えば、私が今心配しているのはミャンマーです。つまり、ロヒンギャ問題も同じことなんです。ロヒンギャ問題というのは、仏教国のミャンマーでイスラム系少数民族ロヒンギャが不法移民とされて国籍を与えられず、さまざまな差別・迫害を受けているという問題です。あれも作られたものでね。

だってロヒンギャはもともと今のバングラデシュ（当時の英領インド）にいた人たちなのに、それをかつてイギリスが、植民地支配の一環でミャンマーに連れてきたんですよ。ご承知のように、ディバイド・アンド・ルール（分断統治）のために連れてきた民族なんです。だから、皆バングラデシュに帰せば解決するんです。

それなのに、ミャンマーの国家顧問を務めるアウン・サン・スーチーがいかにも悪いように報道されている。またそういうニュースをイギリスのロイター通信が一生懸命流すわけですよ。「悪いのはイギリスだろう」と、私は言いたいですね。

河添：ひどい話ですよ。わざわざ宗教の違う民族を入れて喧嘩させるなんて。

馬渕：イギリスは、植民地を手放しても痛くも痒くもない。ロヒンギャの人権問題とか言っていつでも植民地を痛めつける。メディアを握って、金融を握っていますからね。

おそらくスーチーさんが、何かイギリスの思惑に沿わないことをやったんでしょう。言い方は悪いですけれど、彼女はイギリスの代理人なんです。でも、イギリスは潰しにかかっているのではないかと思います。

アウン・サン・スーチー

旧植民地帝国のそういったあくどさについては、インドシナ半島と周辺の有識者ならば誰でも知っていますよ。ところが日本人だけ、頭の中がお花畑で何も知らない。だからそれを知るだけでも日本の国防力、特に民間防衛のレベルが格段にアップするのです。今こそ我々はそうした民間レベルの国防力を高めて、自衛しなければならないと思っているんです。
世界はね、悪の枢軸でつながっています。はっきり言って、日本は狙われています。そのことをなぜ、多くの日本人は気づかないのでしょうか？

第6章

越えてはならない一線を越えた中国

「北京が世界を牛耳る」という世界

河添：中国からアメリカへ移住した、中国語では〝紅・官二代〟と言われる共産党幹部の子女たちは、この20年あまり、親の威光を背に、ウォールストリートのJPモルガン・チェース、ゴールドマン・サックス、モルガン・スタンレー、クレディ・スイス銀行、ドイツ銀行、シティ・グループといった世界的な銀行や証券会社に身を置き、中国の経済発展を追い風に、政企不分（政治と企業が分かれていない）の特性も最大限に悪用しながらケタ違いな資本を扱う方法を覚えてきました。

その後、投資会社を立ち上げ独立したり、中国の大銀行の投資部門で幹部になったりしているようですが、若手で象徴的な存在の1人が江志成、江沢民の直系の孫です。アリババが上場する際に、一躍その名前が世界に拡散されました。

博打好きで覇権のDNAも包含する彼らは、おしなべて「金という権力」の信奉者です。世界を意のままに動かすお金に執着し、ハイリスク&ハイリターンを追求する金融という魔力に取り憑《つ》かれたのでしょう。

数年前には、米中の複数メディアが、紅・官二代のウォール街への就職について、ウィリアム・デーリーの関与を報じました。彼はクリントン政権で商務長官を務め、2011年1月からはオバマ政権で大統領首席補佐官に任命された人物です。

馬渕：中国もこれまでは、ディープステートに踊らされてきました。ところが最近は、ディープステートの真似ごとをしながら、主体性を出してきている。だから今、アメリカは、この場合トランプ政権だけではなくて、ディープステートも含めてのアメリカは中国を潰しにかかってきているわけですね。

河添：〝紅・官二代〟の大物グループが、何かとんでもないルール違反をやっているのかもしれません。そうでなくとも脅威であることは確かです。通常では20代の若造が集めることなどできない単位のお金を、簡単に集めてしまってますから。

江沢民

ウィリアム・デーリー

第3章で「パナマ文書」が2016年4月に国際調査報道ジャーナリスト連合（ICIJ、本部・米ワシントン）で公開された話題に触れましたが、標的となった法律事務所「モサック・フォンセカ」社の最大の顧客は中国で、全体の3割を占め、その大部分はパナマではなく香港支社で処理されていたこともわかっています。

馬渕：アメリカのウォール街、つまり世界を支配してきたディィープステートはグローバリストですが、共産主義の中国もグローバリストなわけです。ではなぜ今、この2つのグローバリストが対立しているのかという疑問は、多くの方が持たれると思います。でも、中国とディィープステートとでは決定的な違いがあります。

中国は、中国共産党による覇権のもとに世界を統一しようとしています。ところが、ディィープステートはユダヤ系左派の国際金融資本のもと、グローバル市場で世界を統一しようとしています。すなわち国家の覇権を求めている中国と、国家というものを否定しているディィープステートとの違いなんです。この違いがわからないと、なぜ突然、中国とアメリカが正面から衝突しつつあるのかがわからないんですね。

河添：おっしゃる通りなんだと思います。私の解析はまだ途中ではありますが、中国共産党なのか究極のマルキストの習近平一派なのか、中華民族の中でもエスタブリッシュメントが、新たなディィープステートになるぞ、そのドンがオレ様なんだ、拠点はワシントンD.C.でもNYでもロンドンでもなく中南海（北京）になる、ということではないかと。

すなわち「北京が世界を牛耳る」という世界なのかなと。また、アメリカ在住の華人や台湾人と深く話をしたことがありますが、利権構造の中でじゃぶじゃぶ潤っている彼らは、内部で敵対し、粛清や殺し合いをしながらも、また、習近平をディスりながらも一党独裁を終えるなど誰も望んでいないと。「権力とカネ」がワンセットであってこそ、力を発揮できることを体得してしまったんですよね。

馬渕：そうなんでしょうね。すなわち、それは世界の仲間と一緒にやろうとしているわけではなく、中国人の長年の怨みを晴らすため、中国の冊封体制を世界に広めるというのが彼らの目標だってことですね。

同じ「ワンワールド」を目指していても、中国が目指している覇権の形と、ディープステートの目指す覇権の形は根本的に違います。

河添：だからエリザベス女王様が「習近平一行はルード（失礼）だった」と（笑）。下品に意訳すれば「一体、アンタたち、何様？　恥を知れ！」ってことでしょうね。

馬渕：対中国ということに関しては、トランプとディープステートの利害が一致している。だから、アメリカが中国の資金源を断つ行動に出ているのでしょう。トランプは徹底的に貿易黒字を潰そうとしている。ドルがなければ、人民元なんて紙クズです。

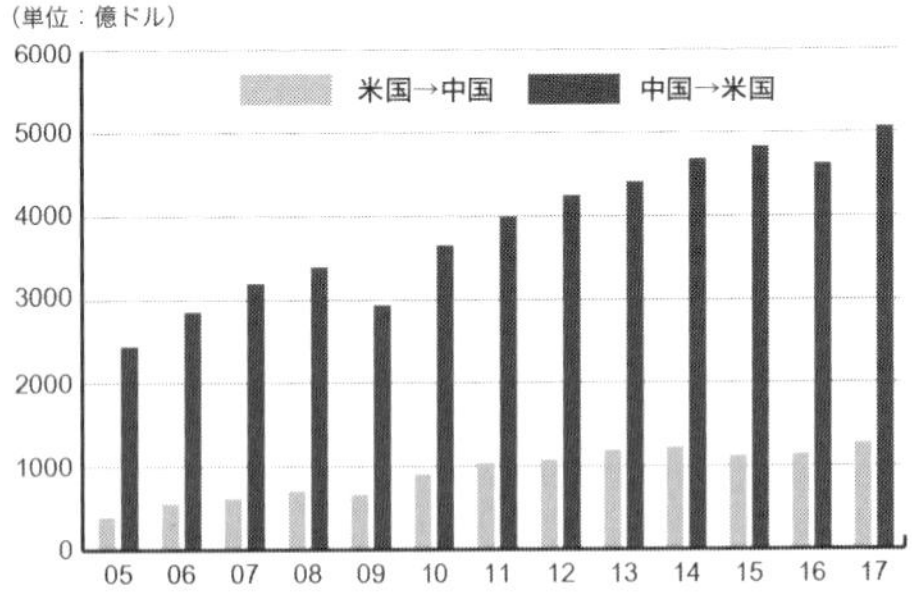

米中両国の貿易額　出典（外務省のデータを参照）

河添：トランプ政権が発足し、実際のところ習近平政権の緊張感が一気に高まりました。日本の大メディアは、米中貿易戦争といった経済・関税問題に矮小化して、お茶を濁そうとしていますが、貿易戦争はトランプ政権にとって手段であっても目的ではありません。

ファーウェイ事件が象徴的な例で、アメリカは中国共産党の機関や中国企業によるスパイ活動を公にし、吊るし上げて、現在進行形で世界に撒き散らされている〝赤い毒牙〟、これは〝赤い資本〟を含みますがそれを抜き取る、その芽をとことん潰していく方針で動いています。

馬渕：もう1つのメリットは、中国に進出したアメリカの製造業が帰ってくるってことです。だって、中国に進出したアメリカの製造業の輸出が中国の貿易黒字、アメリカからすれば貿易赤字を生んでいるわけですから。トランプ大統領が言っているように、中国から製造業が戻ってくれば、アメリカ人の雇用が増えるし、万々歳だってことです。経済評論家の方々は、そのあたりをごまかして、「中国の貿易黒字には中国に進出したアメリカ企業の輸出も入っているから、トランプも徹底的にはやれないだろう」なんてね。そうじゃないですよ。それこそトランプの狙っていることなんですよね。

河添：おっしゃる通りです。スティーブン・バノンさんが、２０１６年11月のアメリカ大統領選でのトランプ勝利の背景について、非常にわかりやすい内容でこのように語っていらっしゃいました。

バノンさんは選挙投票日まであと88日という時期に、トランプ候補の選対本部に入ったそうです。そして、こう続けました。「トランプは勇気がある人間だ。声なき声の代弁者になった。億万長者だから悠々自適に暮らせるのに、勇気を奮って国民に真実を訴える覚悟を決めたのだ」と。トランプ候補の強力な支持基盤はごく普通の労働者と軍人たちだとも言っています。

大統領選では、３点にフォーカスしたそうです。１つ目がヒスパニック系、アフリカ系の労働者を守るため、不法移民・難民の流入を防ぐこと。ここで重要なのは「労働者を守る」ため、「不法」移民・難民の流入を防ぐということですね。大メディアは「不法」という言葉を必ずカットして報じていましたが（苦笑）。

そして２つ目が、馬渕大使が今おっしゃった通り、中国から工場を取り戻すこと。

３つ目が、意味のない紛争から撤退すること。この３点にフォーカスして「勝利した」と。

私はこのバノンさんの話にエネルギーをチャージされ、爽快な気持ちになりました。
馬渕：そうですか。ためになる講演だったようですね。

バノンさんの言葉通り、不動産で一旗あげて大金持ちになった人が、何も70歳を過ぎてあえて大統領になろうとは思わないですよ。

それなのに大統領を目指したということは、そこに彼なりの政治的信念があり、使命感があったからです。彼が今、メディアを攻撃する形でディープステートに挑戦しているのは、そういうことだと信じています。

私は、これからトランプさんが頑張ってくれないと世界は暗黒になると本当に思っているんです。だからいずれ米露関係も改善していくと思うし、むしろ改善してもらわないと困ります。

ソ連の衛星国としての役目だった中国

河添：中国共産党のような独裁政権の恐ろしさは、管理のみならず、重点的な強化が可能なことです。外貨や技術革新の方法論をいくつも持つことで、急速なステップアップをしてしまいました。世界の金持ち、究極の金持ちの中でも、アメリカ人よりも中国人の数が超えたという報道もあり、資本力で凌駕し、ディープステートのように世界を動かしていこうとしています。それがこれまで世界を動かしてきた支配層にとっても、対中政策を大転換させる起爆剤になっていますね。

馬渕：おっしゃる通りだと思いますね。現象面から見てまさにそうなってきています。つまり簡単に言えば、中国、正確には中国共産党は広義でのアメリカの覇権、ディープステートの覇権のことなんですが、そこに挑戦を始めたということですね。中国共産党はここで越えてはならない一線を越えてしまった、ということだと思います。

それはなぜかと言いますと、歴史的に見ればその理由がわかるんですが、結局、中華人民共和国が……。

河添：誰によって創られたか？　という。

馬渕：そういうことなんです。序章で、我々は米ソ冷戦終結後のロシアと中国に関する異なる90年代の施策について話題にしましたが、ここでは建国前まで戻らなければいけませんね。

河添さんはもう十分ご存じなんですが、読者の方の理解のために言えば、中国共産党政権、中華人民共和国を創ったのはアメリカのディープステートなんですね。

簡単に言えばディープステートは、冷戦の相手方に仕立てたソ連をアメリカに対抗できる強国にするため、中国がソ連の衛星国としての役目を果たすよう主導した、ということなんです。

その次に来たのが、鄧小平のいわゆる改革開放路線です。鄧小平は毛沢東の死後、事実上、中国の最高指導者となった政治家ですが、これが節目になりました。実はヘンリー・キッシンジャーが仕掛けたことです。

ヘンリー・キッシンジャー

河添：鄧小平の復活は、栄毅仁《えいきじん》をトップとする中国国際信託投資公司（ＣＩＴＩＣ）の設立とワンセットでした。董《とう》事長兼総経理に就任した栄毅仁は、日本やアジア、欧米諸国を歴訪し外資導入を働きかけます。〝赤い資本家〟の異名を持つ彼は上海セント・ジョーンズ大学卒、まさにアメリカの左派が育成した人材でした。キッシンジャーはデビッド・ロックフェラーの手足でしたね。

馬渕：キッシンジャーは、ニクソン政権、フォード政権の大統領補佐官・国務長官を務めました。そして、これとソ連の崩壊等は連動しているわけです。

中国は「国」ではなく「市場」

馬渕：中国が、自力でアメリカの覇権に挑戦するまでに成長したのではなく、アメリカ——正確にはディープステートですが、それが世界の工場としての中国を育ててきた。だからWTO（世界貿易機関）にも加入させてあげて、先端技術まであえて盗ませてきたわけです。今のお話ですと金融のイロハまでね。ところが、習近平かその前かどうかわかりませんが……。

河添：本格的には、習近平時代からですね。鄧小平時代からの「韜光養晦《とうこうようかい》」をやめて、如実に、覇権を求める戦略を次々と打ち出してきたのは。

馬渕：親の心、子知らずですよね。つまりその育ててもらったアメリカのディープステートの恩を裏切るような言動を、中国共産党がやりだした。そこで、今回はディープステートだけでなく、トランプ政権も一緒になって中国共産党を潰すことに決めたと私は思っているんですね。

中国が、アメリカのディープステートの覇権に挑戦した。これは残念ながら許せないことなんです。大きく言えば、そういう状況で実態として何が起こっているかっていうことは、まさに今、河添さんが分析された通りですよ。

河添：簡単に言えば、1世紀以上にわたり世界を支配し、ワンワールドの秩序を追求してきたグループが「北京が支配する世界」の秩序を許すはずがないってことですよね。

馬渕：そういうことです。それと戦前の中国は銀本位制ですから、銀がとにかく価値がありました。蒋介石は、日本と戦っている最中の1935年に、中国の民衆から銀を取りあげ、その代わりに紙切れ同然の自分の軍票を渡し、取り上げた銀を国際市場で売り払って、夫人すなわち宋美齢《そうびれい》の宋一族と一緒に大儲けしています。軍票なんて、軍や政府が占領地での資金調達のために発行する紙幣ですから、いくらでも刷れるんです。

もちろん、蒋介石や妻である宋美齢の兄宋子文《そうしぶん》の一存でこんな大それたことがやれるはずがない。背後には、当時、上海経済を握っていたユダヤ系のサッスーン財閥がいたわけです。

前左から蒋介石、宋美齢、
蒋経国（後列左）、蒋緯国（後列右）

バーナード・バルーク

河添：上海に拠点を置いたサッスーン財閥はキングス・サービス、英王室の代理人でした。

馬渕：そもそも銀と軍票の交換という「幣制改革」を発案したのは、彼らユダヤ金融勢力だったのです。その伏線は、アメリカのフランクリン・

ルーズベルト大統領の登場にあります。

ルーズベルト大統領のキングメーカーであるユダヤ系の投資家・官僚・政治家のバーナード・バルークが、当時の銀のほぼ3分の1を押さえていました。ルーズベルト政権は突如、銀の政府買い上げ価格を値上げしました。バルークが大儲けしたことはいうまでもありません。これに伴い、世界の銀価格も上昇しました。この流れが、中国の「幣制改革」につながっています。

だから、そういう意味でもディープステートはもちろんですが、中国人に国益や国家観などありません。いわば単なる「市場」を相手にしているんです、我々は。私が前々から「中国っていうのは国じゃない。市場だ」と言っているのはそういうことなんです。

その市場を支配しているのが、今は中国共産党に過ぎないだけの話で。中国共産党の次は別の誰かが支配するし、それが3つか4つに分かれても何の不思議もない。過去もそうだったのでね。

米中支配層の裏のつながり

河添：この1世紀以上、中国大陸のいわゆる支配層に選ばれた人間とアメリカの一部は、さまざまな形でつながってきました。

20世紀前半は、ディープステートと、主に客家系の中国人との結びつきが深まりました。象徴的なのが蔣介石の妻だった宋美齢はじめ宋一族ですね。鄧小平も客家人で、フランスのロスチャイルド系の自動車会社ルノーで労働していた経験もありますが、モスクワの中山大学にも席を置いていました。だからあれだけ失脚しても、不死鳥のように蘇ったのだと考えています。

イェール大学に、スカル・アンド・ボーンズ（頭蓋骨と骨）という秘密結社があります。1832年に設立され、創立メンバーには大統領や司法長官、陸軍長官などを輩出していた名門タフト家のアルフォンソ・タフトほか、アヘン売買で巨万の富を築いたラッセル一族のウィリアム・ラッセルなどがいます。それから鉄道王のハリマン家などです。歴代の政府要人や軍の幹部、主にユダヤ系の銀行家、産業界のリーダーなど、そうそうたる人材が「ボーンズマン」出身です。

ブッシュ家にいたってはプレスコット・ブッシュ、2018年に他界したパパ・ブッシュこと第41代大統領のジョージ・H・W・ブッシュ、第43代大統領ジョージ・W・ブッシュと、3世代にわたってボーンズマンでした。ブッシュのいとこなどもメンバーです。ボーンズマンは国際金融資本というべき銀行家が多く含まれています。

20世紀初頭、彼らがイェール神学校を創り、中国で学校や病院を創っていきます。「中国のイェール」の総称で知られていましたが、目的は情報ネットワークの構築でした。そして、中国において支援を受けるべきもっとも重要人物の1人としてイェールに選ばれたのが毛沢東だったとの記述があります。

スカル・アンド・ボーンズの門下生だったわけです。「イェールとロックフェラーは、大英帝国のイデオロギーを使って、グロテスクな共産主義の反乱を繁殖させる。その中心人物に選ばれたのが毛沢東だった」などの記述は、イギリス生まれでアメリカの経済学者、歴史学者、作家であるアントニー・C・サットン氏の書物に残っています。関連する写真などもいろいろ確認できます。

ジョージ・H・W・ブッシュ（左）、息子のジョージ・W・ブッシュとローラ夫人

だから毛沢東は、浮上したわけですよね。もう1つ加えると、アングロ・アメリカン社（多数の大手企業を傘下に抱え、世界各国で事業展開を行う世界最大級の資源企業。資源三大メジャーの1社）が1917年に設立されましたが、その目的は孫文《そんぶん》の国民党の動きを破壊することでした。「英米南アフリカから資本金が集められたアングロ・アメリカンは孫文を毛嫌いしていた。なぜなら孫文は中

国を開発したがったが、彼らは中国の共産主義を愛し、それを背景にしようとした」といった内容の記事を英字ニュースで読みました。

馬渕：孫文は、コミンテルンからは選ばれなかったってことですね。

河添：そういうことですね。それで、日本を騙しに騙しましたが。

80年代からは、アーカンソー州知事時代のビル・クリントンとヒラリー夫妻には力宝《リッポウ》というインドネシアの客家系財閥も入り込んでいきました。ビル・クリントンの出自については、さまざまな噂が飛び交っていますが、簡単に言えば「ロックフェラー家の隠し子」という説。具体的には、デビッドの兄でアーカンソー知事だった4男ウィンスロップの隠し子であるとか。NY知事と副大統領も務めた2男ネルソンさんの隠し子では？といった説もあります。顔はネルソンさんとクリントン元大統領は瓜二つです（笑）。まぁ、父親より伯父に似るパターンもあるかもしれませんが（笑）。

晩年の孫文（1924年）

さらに、90年代半ば以降、クリントン大統領と江沢民主席の時代に、ファストフードからハイテクというか、武器の利権まで米中の一部が共有していったとされます。アメリカ左派の一部と上海閥との深淵な関係ができていったのです。それとブッシュ時代のネオコンでしょうか。

もう1つ加えると、第3章でお話しした清華大学経済管理学院顧問委員会が2000年に発足しています。こちらもトランプ政権前までの米中G2の主軸だったと見ています。

このイェール大学のスカル・アンド・ボーンズについてですが、カーター政権を除いて、アメリカ駐北京大使など、米中の要のポジションは長らくボーンズマンでした。アメリカが中国と正式に国交を樹立したのは1979年1月1日からですが、ニクソンショック以降、すなわち40年以上、トランプ政権が誕生するまでは中国共産党とアヘン利権が原点となっている彼らは、利権をズブズブと共有してきたのです。

第42代ビル・クリントン

ネルソン・ロックフェラー

馬渕：おっしゃる通りです。最後の点だけ敷衍《ふえん》して申し上げますと、キッシンジャーは、中国やソ連の指導部などと会談した際の会話録を『キッシンジャー「最高機密」会話録』（毎日新聞社・1999年）として日本語訳でも出しています。

その会話録で、キッシンジャーが中国の毛沢東と1975年10月に会談した際の一節を読んで驚いたことがありました。

江沢民とビル・クリントン（1998年6月27日）
©ロイター／アフロ

1つは、今の河添さんのお話と関連するんですが、その会談で毛沢東がキッシンジャーに「次はブッシュさんですか？」と念を押して聞いているんです。当時はフォード大統領で、ボーンズマンのパパ・ブッシュは米中の北京連絡事務所長でしたね。

河添：はい、そうです。

馬渕：だから毛沢東が、会談に同席していたブッシュの眼前で「次はブッシュさんが大統領ですね？」と尋ねた。するとキッシンジャーがこう答えたんです。「いえ、ブッシュ大統領は1980年の予定です」って（笑）。大統領補佐官の分際《ぶんざい》に過ぎないキッシンジャーが、ブッシュが1980年の大統領選に出馬して当選すると語っているのです。キッシンジャーが毛沢東との間で、次のアメリカの大統領の話ができるということは、つまり、キッシンジャーの背後にいるディープステートがアメリカの大統領を決めていたってことですよね。

逆に毛沢東は当時、ブッシュをフォード大統領の次の大統領に望んでいたということです。だから河添さんの今のお話とピタっと合うんですよ。

もっとも1980年には、レーガンが大統領に当選したので、レーガンのもとで副大統領を務め、晴れて1988年にブッシュは大統領に当選しましたが。

河添：同じ組織の米中のメンバーだったたっていうことですよね。

馬渕：そういうことなんです。だから中国とアメリカを共産主義国と資本主義国の関係という視点から見ていると、米中関係は全然わかりませんね。

河添さんが今、ディープステートが毛沢東を選んだというニュアンスのことをおっしゃったでしょ。その通りなんですね。私もこれまで著書などで「中華人民共和国はアメリカのディープステートが創った」っていうことを、たびたび主張してきました。

1937年に支那事変が始まりますが、日本が蔣介石と正面から戦闘している時に、アメリカは、蔣介石に武器を供与したけれども、同時に毛沢東にも武器を供与していましたからね。

第5章で河添さんが少し触れておられますが、日本が敗退したのちの国共内戦時、実はアメリカのジョージ・マーシャル将軍が中国に乗り込んで行って、蔣介石に「毛沢東との連立政権を創れ」って言うわけですよ。毛沢東はもう息も絶え絶えだったのに。そういう風にしてアメリカが中国共産党政権を創ったという事実を、日本だけでなく世界の正統派の歴史学者たちは絶対に認めない。それを認めると、今の世界の仕組みが全部バレちゃうわけですね。

ですから、こうして河添さんが中国とアメリカのズブズブの関係を暴露されていることに、世界中の正統派の歴史学者は戦々恐々としていると思う（笑）。

これまで彼らが一生懸命研究してきたことが、全部嘘だったっていうことがバレてしまうわけだから。一部の学者は知っていて嘘をついています。それでいて、「中国に騙された」なんて言っているアメリカの学者がいる。とんでもないことですよね。わかっていてやっているんだから。

河添：ずっと騙されたフリをして（笑）。

馬渕：しかも日本人の多くも「アメリカもやっと気づいたか」なんて言っているけれど、アメリカは最初から知っていて、中国にやらせていたわけだから。

河添：それが、サイバー空間など、一部の軍拡が想定外に強くなってしまったから「こりゃやばい！」となった。それで、このまま中国が本当に軍事大国になったら覇権を奪取されますから、もうそろそろ潰しましょうって話かな？

馬渕：ソ連も一時期、彼らを追い抜きそうになったから潰されただけの話です。だから結局その根底には何があるかというと、世界をどのように統一するかという、ディープステートの戦略があります。世界を支配しているのは彼らですから、彼らの筋書きに反するような言動が大きくなれば、それは必ず潰される。そこを我々は見誤ってはいけないんです。

自前の活動ができないＡＩＩＢ

河添：恩を仇《あだ》で返したではないけれども、アメリカがオバマ政権の時代に、中国とロシアはＡＩＩＢ（アジアインフラ投資銀行）で一緒にやりましょうとか、新開発銀行もＢＲＩＣｓ《ブリックス》（ブラジル・ロシア・インド・中国・南アフリカ）がベースだったりと、習近平政権がプーチン大統領のロシアと中核になって巻き込み、世界の新秩序を創ろうと模索しました。ＡＤＢ（アジア開発銀行）、そしてＩＭＦ（国際通貨基金）や世界銀行に対抗する新秩序ですね。

プーチン政権は中国に天然ガスをしこたま買って貰えればそれでいいわけで、すなわちディール（取引）であり、心の底から習近平政権と手を携えたとは思いませんでしたが、ＡＩＩＢ加盟に、イギリス、フランス、ドイツ、イタリアなども即刻、名乗り出たりね。数年間、そういう時期がありました。

それが、２０１６年11月にトランプさんが次期大統領に就任することが決まり、潮目が変わりました。

馬渕：ＡＩＩＢは２０１９年で４年目になりますね。それなのに、まだ自前の活動が全然できていない。これはテクニカルな話になりますが、ＡＩＩＢ債を起債して、それを国際金融市場で売って資金を調達して、それに若干の金利を上乗せして貸すわけですよね。世界銀行もそうですが、アジア開発銀行もそうやって多くのプロジェクトに融資ができたわけです。ところが、ＡＩＩＢ債はいまだに発行できていません。それはまったく信用がないからです。

河添：闇金とほぼ一緒（笑）。

馬渕：そんなものは買わない、誰も（笑）。一方で格付けだけはアメリカの大手格付け会社ムーディーズが中共と結託してトリプルＡを付けています。本当にトリプルＡなら、国際金融市場で安い金利で資金をすぐ調達できるはずなんです。でも、それができませんね。

河添さんがお詳しいけど、「一帯一路」という経済圏構想について、あのやり方を見ていたら、さすがにディープステートも、自分たちとは目指している方向が違うと、そんなことはさせないということを改めて感じたんだと思いますね。

河添：トランプ大統領の元側近、バノンさんが「『一帯一路』構想は東インド会社の応用編だ」って。確かに！と思いました。中国、インド、東南アジアは、かつてイギリスに搾取される側だったわけですが、その逆バージョンで中国共産党が胴元になっている仕組みですから。「中国の復讐劇」ってことですよね。上から目線で現地から不評を買っている点も同じですが、悪名高き東インド会社の真似をするところが中国共産党政権らしい。

馬渕：東インド会社を実質上、運営していたのはユダヤ系商人であり、一方でイギリス王室の世界情報収集機関の役割も果たしてきました。

人民元をドルに変える中国流マネーロンダリング

河添：あと、私が面白いと思ったのは、中国は今、小さな国にお金を貸しますよね。よく考えてみたらこれ、カラクリがあるんですよ。

どういうことかと言いますと、たとえば東南アジアのどこかの国で港湾を建設することになったら、中国の人民元の輸出輸入銀行のお金と中国人民を動かして、中国系企業で作りますよね。結果、その国には巨額の債務が残りますが、中国側は「ドルで返せ」って言うわけです。そうすると、人民元が堂々たる国際通貨のドルに変わります。これってマネーロンダリングですよね。

中国の軍事戦略上、必要な港湾を手に入れるのみならずマネロン！　債務漬けになれば、政治も経済もよりコントロールできますしね。だから、闇金まがいの「一帯一路」構想には、欧米諸国の有識者は一生懸命に警鐘を鳴らしているんですが、日本はどうなっているのやら。

馬渕：河添さんのお話を聞いて、私も大変よくわかりました。だから中国は人民元でも仕事ができるのかと。なぜ紙クズ同然の人民元を外国に貸せるかっていうと、そこで働くのが中国企業であり、中国人労働者だからなんですよね。

河添：そういうことです。

馬渕：であればなおさら、中国が画策している経済圏の「一帯一路」構想で、日本企業が受注できるはずがないです。人民元を貰っても仕方ないって話ですから（笑）。

それは非常に重要なことでね。我々は、お金を貸すという行為を単なるビジネスだと思っているけれど、実は違う。そのあたりのことを、やはりユダヤ人左派ら国際金融資本家は見抜いています。

本書のしょっぱなから名前が何度か出ている人物ですが、欧州復興開発銀行の初代総裁で歴代フランス大統領のブレーンだったジャック・アタリというユダヤ系フランス人がいます。そのアタリが、「国家は債務によって繁栄し、債務によって滅びる」と言っています。これはもう、手の内を明かしているようなものです。中国共産党政府は、それを真似してやっていますね。

たとえ人民元でも、小さな国は中国から高い金利で金を借りるわけでしょ。それで、返す時はドルで返せとなったら、それでは国がいっぺんに潰れてしまう。だから債務によって一時的に国が栄えたように見えても、最終的には債務によって国が亡びます。

結局、何でこんなことができるかっていうと、世界の通貨は民間人が発行しているからです。各国の中央銀行は、民間組織が株主です。国ではなく民間組織の意のままになります。だから、ディープステートが牛耳ることができるんです。

残念ながら、世界中の経済学者たちは、その事実を誰も言わない。もちろん日本の学者も言わない。そんなことを言ったらすぐに経済学界から追放されますからね。そうなると、テレビに出られなくなりますのでね。

だから、逆に言うとテレビに出ている経済評論家っていうのは、一番重要なことは絶対に言いません。日本の景気がどうだ、世界の景気がどうだって議論していても、あるいは日本の財政赤字がどうだって議論していても根幹を言いません。日銀も含めて。「世界の主要国の通貨を発行しているのは皆、民間人だ」ということを言えば世界は「なんだ？　でたらめを言うな」となるんです。その「なんだ？」ってことを、見抜ける人たちがそれなりに出てきた感じです。

河添：馬渕大使の発信力の大きさのお陰です。

馬渕：だから国際金融資本家が、好き勝手にはできなくなってきています。それとトランプ政権の誕生と、イギリスの議会が混沌としていますが、EUからの離脱ということは、不思議なことに軌《き》を一《いつ》にしています。これはやはり「見えざる神の手」ではないかとすら思いたくなりますね。

中国人と日本人は発想の根本が違う

河添：中国はよく「Win-Win」って言い方をしますけど、ドイツの新聞の論説か何かで「中国はWin-Winって言いながら、2度勝つことを考えている」と皮肉っていました。自分たちだけ利益を得ようとしていて、その利益をシェアしない、と。結果的に、中国共産党政権のズルさも意地悪なヨーロッパに暴露されて、嫌われモードが表面化したのかなと。

馬渕：そうでしょうね。それまではおそらくアメリカやヨーロッパのディープステートも、さらには日本の企業も、中国と適当に付き合ってそれなりに儲けていた。日本の企業はどれだけ儲けたかわかりませんけれど、ディープステートはそれなりに儲かったはずです。

一緒にやって儲かる以上は、付き合うわけです。ジャック・アタリもそういう趣旨のことを言っています。「中国とアメリカは、お互いに強い敵意を感じながらも、自らの利益を前提とした世界経済の成長維持のために、あたかも同盟国のように振る舞う」（『21世紀の歴史——未来の人類から見た世界』（作品社・2008年））と。つまり、自分たちにとって中共が利益である間は付き合っていると。

ところが、もう利益にならなくなったら、潰して新しい中国の体制にする。中国崩壊論などがよく叫ばれますが、中国そのものは崩壊しません。崩壊するのは、あくまでも中国共産党政権です。そのあとには、中国の膨大なマーケットが残るわけです。そこで、もう一回、今度は共産党支配でない中国のマーケットで儲けよう、とディープステートは考えているわけですよ。それぐらいは見抜かないといけない。

河添：中国の場合、ディープステートと異なる点は、錬金した人間は必ず外国に逃げます。逃げないまでもカナダやオーストラリアあたりの永住権は持っていますし、下手すれば複数のパスポートと名前まで持っています。なぜかというと、中国人は自前の政府を信用していないからですよね。

馬渕：河添さんはよくご存じのことだけど、中国人の体質っていうのかな、全然変わってないですよ。私益しかない。

河添：まさにそうです。超ミーイズム（自己中心主義）ですから。そもそも、どの神様仏様も中国大陸には長年にわたり居ついた試しがなく、神様より「カネ様」です。

馬渕：おっしゃる通り、中国は過去に民主化したこともないし、個人主義しかないわけですからね。個人主義しかないというのもよく言い過ぎで、利己主義しかない。これは別に中国の悪口を言っているわけではなくて、昔からそうなんですよ。

戦前、いろいろなアメリカ人が書いた中国についての本が残っていますけど、そこで描かれている中国は、今とまったく同じです。

河添：だから結局、中国っていう土地に生まれた支配層は、同じ傾向、同じ行動をとるんです。私利私欲の塊で公がなく、隙あらば自分や一族の口座にお金を入れて、世界にお金を逃がしていくという。

馬渕：いくら習近平が「中華民族のナントカカントカ……」って勇ましいことを言ったって誰もついてこない。そのスローガンのもとで皆、それぞれ「俺が儲かればいい」って、自分とその一族だけでせっせと錬金することを考えます。あとは野となれ山となれ、「そんなもん、知ったことか」って感じでしょ？

中国人の発想というか、体質は何も変わっていない、昔から。「人を騙すことは悪いことではない、立派なことですよ」っていう発想なんです。
河添：騙されて、お金を取られる方が悪いことです（笑）。
馬渕：彼らは三度のメシよりも金儲けが好きですから。友人、知り合いが死んでもなんとも思わないけれど、お金を失ったら大変だと。そっちの方が重要だと。これが典型的な中国の国民性です。若い中国人はそうじゃない人が育っているのかもしれないけれど、通常世界が相手にしている中国人っていうのは、そんな体質をもった企業家なり実業家だからね。そういう意味では、我々は決して間違ってはいけないんですよ。衣食足りて礼節を知るって言うでしょ。
河添：そんなのはないですよ。
馬渕：ええ、礼節はないんです、中国にはね。だから衣食が足れば「もっと」っていう（笑）。
河添：もっともっと自分たちのお金を増やしたい。１億ドルあれば10億ドルに増やしたいってことだけを日夜考えています。それで、ディープステートのモノマネです。
馬渕：これは別に、中国人をバカにしているとか批判するとかいう次元の話じゃなくて、彼らの発想を知って対応しなければならないということです。逆に言えば、私と河添さんのこの会話は、そういう意味では中国人を、彼らのやり方を尊敬はしないけど尊重はしているわけです。
河添：はい、そうです。全然違う人たちが海の向こうのお隣に10数億人いるということを、我々日本人が理解すべきです。同じような漢字を使っていることとか、「一衣帯水」みたいな言葉で、特に80年代は多くの日本人が騙されていました。「海をまたいで同じ民族がいる」って。私が「全然違う民族が、お隣にいると思うのですが」と言っても、「いや、同じような漢字を使っていて……」とね。そもそも人口が10数億人で、常に競争に晒《さら》され、言論の自由も宗教の自由もなく、農村出身者には都会への移住の自由もなく、法の下の平等もなく、共産主義万歳の押し付け教育で、日本人のような性善説で脳天気な人が育ちますか？　ありえないですよ。

馬渕：おっしゃる通りです。

中国は民主主義を利用して民主主義を破壊する

河添：2018年、オーストラリアで『Silent Invasion : China's Influence in Australia（静かなる侵略：オーストラリアへの中国の影響）』という本が出版されました。著者はチャールズ・スタート大学のクライブ・ハミルトン教授という方です。

タイトルはお上品なんですが、その中には私がこれまでずっと主張していたことと同じ内容が書かれています。簡単に言えば、「中国は民主主義を利用して民主主義を破壊する」ということです。

中国はご存じの通り独裁政権で、今まさに人民を世界各地に送り込んでいます。日本を含めた世界へ。たとえば人口が1万人程度で老齢化が進む限界集落に、中国人が3000人、5000人と移住してしまえばそこは中国自治区になってしまいます。アメリカに巣食ったディープステートは少数ですが、中国人民の世界拡散はパラサイトな大量市民になりつつあるわけです。教育、医療、福祉……税金を支払ったことがないのに、無償で恩恵を受けて。そもその住民、国民から嫌われないはずがないですよ。

オーストラリアは、労働党で親中のラッド政権の頃からホワイトチャイナ状態で、留学から始まり、中国人の移住者が激増したという現実があります。反中的な政治家の選挙区に中国人や韓国人などアジア系が多数移住してきて、彼らが選挙権を持ってしまえば反中候補が落選させられるのは目に見えています。

すなわち、中国国内では民主主義は不要ですが、世界に人民を大量に送り込むことで「民主主義を利用して民主主義を破壊する」工作をしているわけです。

その他、中国系の企業家が中国共産党政府の代理として行動していることや、中国系の富豪が与野党の政治家や大学に資金を大量に提供していて、中国の望ましい方向に政治や思想を誘導しようとしているということにも、ハミルトン教授は警鐘を鳴らしています。

オーストラリアだけでなく、お隣のニュージーランドも中国との関係がズブズブになっていましたが、エリザベス女王様を頂とする英連邦国家だからでしょうか。2016年頃から突如というほどに流れが変わってきました。ファーウェイ問題での方針が典型的ですが、中国を牽《けん》制《せい》する方向に動いています。

馬渕：「民主主義を利用して民主主義を破壊する」という発想は、ボリシェビキを使ったロシア革命以来のやり方なんです。つまり、「平和を唱えることによって戦争にもっていく」という。

だから、今の日本を見ても、左翼はその思想を実践しているわけです。彼らはいつも「憲法9条を守らなければならない」、「平和！」「平和！」って言っているでしょ。彼らはそれを無自覚でやっているのかもしれませんが、左翼を裏で支援している連中は、すべてわかった上でやっています。日本の左翼政党と活動家に平和を唱えさせれば日本は弱くなる、とね。

河添：「日本には平和憲法、9条があるから戦争がない」って論理。私なら小学生の時であっても信じませんけどね！　トランプ政権が発足してからは静かになっていますが、北朝鮮の核実験はそれまでバンバンやっていたわけです。極端にいえば成文憲法があってもなくても戦争はいつでも起こりますし、攻撃されます。そもそも「日本は戦後70年」などと言いますが、世界は常に「戦前」であり「戦中」という意識なんです。

馬渕：一番の問題は、「民主主義を利用して民主主義を破壊する」「平和を唱えることによって戦争にもっていく」という発想に、なぜ気づけないのか？　ですよね。それを、今さら弱い日本の左翼に期待しても無理なんですけどね。でも、一方で保守勢力、たとえば自民党の中にもそういうことに気づかない人たちがいる。

レーニンのやり方は「戦争を内乱にもっていって共産革命をやる」というものです。だからそのために、まず平和を唱えるわけです。平和を唱えることによって、戦争に巻き込んで、戦争から内乱にもっていって共産党政権を創るっていうね。

そういう典型的な路線は、今も生きているんです。これが、河添さんがいみじくもおっしゃった、トランプが大胆に挑んでいる〝21世紀の赤狩り〟の背景になっています。

第7章

5G覇権戦争
サイバー空間が
米中の主戦場

「現在の危険に関する委員会：中国」を設立

河添：アメリカ連邦議会は2019年3月25日、15年ぶり4回目の「現在の危険に関する委員会：中国（Committee on the Present Danger：China)」を設立しました。米中新冷戦時代が本格化する、そのゴングが鳴ったと思いました。

馬渕：最初の、現在の危険に関する委員会（CPD）は、トルーマン政権の1950年12月、朝鮮戦争時にソ連の侵略行動に対処する目的で設立されました。2回目はカーター政権が始まる直前の1976年11月に、ソ連の覇権の脅威に対処するための危機委員会で、のちのレーガン政権に主要メンバーを多数送り込みました。2004年の3回目の設立は、テロとの戦いが目的でした。

河添：アメリカは今、超党派で中国の〝赤い毒牙〟が政治、軍、企業、アカデミーの中に浸透している危機的な状況を、もう絶対に放置しないという覚悟を示しました。まさに宣戦布告です。

委員のメンバーは、私の話で何度か登場するトランプ政権で7カ月ほど首席戦略官兼上級顧問を務めたスティーブン・バノン氏を含め、連邦議会議員ほか前政権の情報高官、中国専門の教授、戦略ミサイル防衛の専門家、宗教家、シンクタンクの研究員など、外交、国防、政治、宗教の専門家や人権活動家、天安門事件の時の元民主活動家を含む40人以上が、名を連ねています。また、秘密の会議もあり、名前を絶対に公にしない超大物も参加するなんて噂もあります。ディープステートの誰なのかなぁと。

馬渕：過去３回の委員会はいわばアメリカの国難に超党派で対処するために設立されたものですね。特に、２回目のソ連に関する委員会は、当時ソ連の覇権追求の勢いがアメリカの覇権を凌ぐ勢いだったのです。そのあと10数年でソ連は崩壊するのですが、今回の対中危機委員会をソ連との比較でみると、興味深いものがありますね。

河添：トランプ政権が誕生し、抜本的に対中政策を変えた背景には、中国共産党の工作、〝赤い毒牙〟と並行してサイバー空間においての異常なほどの軍拡が無関係でないと考えています。

２０２０年から「５Ｇ」時代となるようですが、これは移動通信基地インフラの話です。３Ｇから４Ｇは進歩ですが、５Ｇは革命と言われています。この分野において、ファーウェイやＺＴＥ（中興通訊《ちゅうこうつうじん》）など中国の通信大手企業の技術革新が目覚ましく、アメリカの覇権が揺らいでいることが一因だと。そこを潰していかなければ、いわゆるサイバー空間の戦争において、実はアメリカは有利な状況ではないどころか危うい状況となっているのが、今のアメリカのジレンマなのかなと解析しています。

その1つの形としてわかりやすいのが、アメリカはグーグル（Google）、アップル（Apple）、フェイスブック（Facebook）、アマゾン（Amazon）の4つの大企業の頭文字を取ってGAFA《ガーファ》という言い方をしています。

一方、中国はバイドゥ（Baidu）、アリババ（Alibaba）、テンセント（Tencent）、そしてファーウェイ（Huawei）が代表格で、BATH《バース》やBAT《バット》などと言います。

面白いのは検索エンジンのグーグルの中国版がバイドゥ、通信機器アップルとファーウェイ、SNSがフェイスブックとテンセント、Eコマースがアマゾンとアリババという具合に、米中で競ってきたわけです。

馬渕：なるほど。米ソ冷戦時代、ソ連にあえて原爆の秘密を供与したのと同じアメリカが中国を育ててきた中で、21世紀は米中がサイバー空間で軍拡をしてきたってことでしょうね。私はソ連の外務大臣を長く務めたアンドレイ・グロムイコの回想録などの発言から、よく類推していますが、東西冷戦の当時、ソ連がもっとも頼りにしていたアメリカ人はロックフェラー家なんですよね。グロムイコの口からは、ネルソン・ロックフェラーをはじめ、アメリカの大富豪

アンドレイ・グロムイコ

の名前がどんどん出てくる。彼らとは随分、仲がよかったみたいです。我々はソ連のスパイがアメリカの技術を盗んだと思っていますけど、実はアメリカのディープステートが堂々と、ソ連に技術を提供していたんです。

河添：90年代以降の米中関係は、かつての米ソ関係と同じ手法だったってことですよね。

馬渕：ディープステートの手足でしかない米政府が、中国が盗んだという形にして技術を提供してきた。そうすることで中国を発展させてきたわけです。

モンスター化した中国系企業

河添：いうまでもなく、アメリカの企業の方が圧倒的に先進的だったわけですが、オバマ大統領の8年間に、ネットというべきかサイバー空間においての中国企業のプレゼンスが飛躍的に上がっていったようです。

その理由として、トランプ政権は中国の産業スパイの存在に言及しています。サイバーハッキング、すなわち強奪を含めて。それから資本を集中投下することで技術革新というより知的財産を買い漁ったからだと。その挙句、中国系企業がモンスターになってしまいました。

2018年8月13日に、トランプ大統領は国防権限法に署名しました。これは、世界に対する、まさに〝踏み絵〟になっていくと考えられます。2019年の8月13日以降、安全保障を理由に、政府機関、米軍、政府保有企業にファーウェイやZTE（中興通訊）を含む5社の製品や部品を組み込んだ他社製品を調達することを禁じ、翌年の同日以降は5社の製品を社内で利用しているだけで、いかなる取引も米政府機関とはできなくなります。日本にとっても、アメリカ側につくか中国側につくか、まさに究極の選択が始まっています。

馬渕：5G時代を見越してのことですね。

ディープステートが分裂？

河添：中国共産党の権力者の一部が、AI（人工知能）を使って自分たちで世界を監視・監督してコントロールしようとずっと考えてきました。特にここ20年ほど、そういう流れにありました。ブッシュ大統領が2001年の9・11で「テロとの戦いだ」と言った頃には本格的なゴングが鳴っていたようです。それ以前からですが、アメリカでもNASA（アメリカ航空宇宙局）とCIA（中央情報局）と電話会社が協同することによって国家監視システムをネット空間で構築し始めていたのです。

おそらく、アメリカとほぼ同時期から中国も、一部の人民解放軍、公安、国家安全部、通信会社、ＩＴ企業などと、監視システムを作っていったわけです。「監視システムはテロ防止対策、安心・安全のため」が大義名分でしたが、現実には監視はもちろんですが、ハッキングといった盗みや攻撃という面で、とてつもない軍事力になってしまったのです。

しかも、このことをいみじくも世界に最初に教えてくれたのは、アメリカからロシアに亡命した元ＣＩＡ、元ＮＳＡ（アメリカ国家安全保障局）局員のエドワード・スノーデン氏です。プーチンのロシアに亡命しましたし、個人的には大変に興味を持っているわけですが（笑）。

エドワード・スノーデン

彼の話は正論だと思いました。２０１６年に東京大学で行われたシンポジウム「監視の〝今〟を考える」に映像出演した際、「情報通信産業は利益の追求という経済的インセンティブに突き動かされながら、いつしか世界の軍産複合体の核となり、戦争と支配の構造を下支えしている」と語っています。

すなわち、情報通信企業としての技術革新と利益の追求が、いつしか新しい戦争の形になってしまった、軍産複合体の中心になっている、ということをスノーデンさんは語ったわけです。

これが核戦争にも匹敵する、想定外の実力を中国に持たせてしまった、鬼に金棒にしてしまうことにつながり、これまで世界をメイクしてきたディープステートの一部も相当な焦りを感じているのではないかと想像しています。

マーク・ザッカーバーグ

馬渕：ディープステートが中国共産党潰しに乗り出した最大の理由ですね。

河添：ただ、ＧＡＦＡ（グーグル・アップル・フェイスブック・アマゾン）や中国のＢＡＴ（バイドゥ・アリババ・テンセント）の世界支配も懸念されています。肥大化したＩＴ企業を分解しなければいけないという危機感が、アメリカでは民主党側からも出ています。それだけでなく、ＧＡＦＡの一部が、習近平国家主席と強い紐帯《ちゅうたい》で結ばれているように見えるのも不気味です。

２０１８年４月、米議会上院の公聴会に呼ばれた、フェイスブックのマーク・ザッカーバーグ最高経営責任者（ＣＥＯ）兼会長の立ち位置は非常に不可解です。アメリカの企業でありながら、フェイスブックは最近、ファーウェイ、レボノ、オッポ（中国の電気機器メーカー）、ＴＣＬなど、中国のＩＴ企業と資料共有することに調印しました。つまり、使用者は登録した個人情報が自動的にこれら中国企業に送られます。

ザッカー・バーグの名前は通名とされますが、デビッド・ロックフェラーの孫という噂が、以前からずっと流れています。だとすると、この不可解さも少し理解できますが、ディープステートも〝北京〟と歩調を合わせる勢力と、そうではない勢力に分裂しつつあるのか、まだ解析が上手くできないのですが、そのように私は考えているわけです。

もう1社、グーグルも米政府は警戒しています。米軍の制服トップ、ジョセフ・ダンフォード統合参謀本部議長が、上院の軍事委員会の公聴会で2019年3月11日に、「グーグルの中国での企業活動は、間接的に中国人民解放軍に恩恵を与えている。さらに産業界のパートナー企業が中国で間接的な利益、いや、間接的ではなく率直に言うと直接的な利益を人民解放軍に与えていることを知りながらも活動していることに、我々は大きな懸念を持って見てきた」と述べています。

ジョセフ・ダンフォード

グーグルと中国政府は、長年、離れたりくっついたり不可思議な関係を繰り返してきましたが、最近、中国においては中国政府が許可した情報のみを表示する検索エンジン「ドラゴンフライ」の開発を進めています。習近平一派なのか人民解放軍の一部勢力と癒着した企業になっていると疑われるのは当然かと。

ちなみにアマゾンの会長は美しい妻と最近離婚、アップルの仕事を全面的に

郭台銘（テリー・ゴウ）

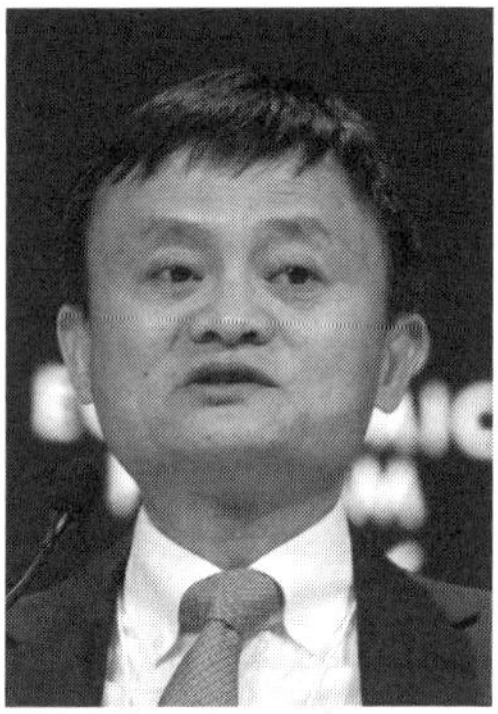

馬雲（ジャック・マー）

請け負ってきた鴻海《ホンハイ》精密工業の郭台銘《かくたいめい》（テリー・ゴウ）会長は、国民党から２０２０年１月の台湾総統選挙への出馬を目指しています。アリババの馬雲《ばうん》（ジャック・マー）会長は２０１９年９月の誕生日に50代の若さで会長を引退することが決まっています。ファーウェイはご存知の通り、「スパイ企業」としてアメリカと完全に敵対しています。

そしてもう1人、通信、ネット、ＡＩ、宇宙開発などの事業で長年、中国語の裏メディアで必ずや〝胴元〟として名前が挙がってきたのが江沢民元国家主席の長男、江綿恒です。「中国第一貪（中国一の汚職王）」の汚名と共に、いつしか彼は〝電信大王〟の異名を持つようになりました。現在も上海科技大学の学長を務めています。

私が何を言いたいのか、それは中国企業の５Ｇ技術を制しているのが、習近平一派の敵であ

る江沢民一派だとすれば、一体誰がホンモノの権力者なのか？　それとも北京と上海閥は敵対関係に見えるダブルキャスト？　てな具合で、解けるかわからないパズルに着手している最中なんですが、いずれにせよ、北京と共に5G覇権を目指すディープステートの手足たちの再編のような匂いも感じ取っています。

世界最高水準を誇る中国の監視システム

河添：中国は、90年代後半から、金盾《きんじゅん》工程（グレート・ファイアー・ウォール）によるネット上の情報検閲システムの構築に突き進んできました。たとえば「天安門事件」「台湾独立」などで検索しても、何も情報が出ないようフィルタリングをしながら、そのシステムをバージョンアップしていきました。

重要なのは、中国国内をイントラ・ネット化してきたことです。なぜかといえば、中国政府にとって情報が国外に流出すること、世界からの情報が自由に入ってくることにより一党独裁政権が崩壊してしまうことを危惧したためです。２０００年頃ですが、中国科学院副院長だった江綿恒が、上海での某会議で「中国はインターネットから切り離された国家ネットワークを建設しなくてはならない」と述べたことも公になっています。

さらに今後はＡＩ機能の監視カメラで人を監視する、たとえば馬渕大使はここにいて、私はあそこにいるということがすぐわかる天網《てんもう》工程へと発展していきました。監視カメラは、最近の情報では中国16省・市に２０００万台以上設置されているそうです。いわゆるＡＩで国内を監視する状況を構築しており、さらには雪亮工程で農村部まで監視しています。文化大革命ではないですが、農民によるクーデターも恐れているのでしょうね。

こういった監視システムを長年、構築してきたのがどういった企業かといえばファーウェイに代表される、中国の「民間に見える企業」だったとされます。ファーウェイなどについて、反習近平政権の海外在住の華人らは「軍の企業」と断言しています。

馬渕：それでトランプ政権となり、中国の産業スパイをとことん捕まえるという方向に舵を切ったわけですね。

河添：はい、その中でも、前述しました通り、２００８年から「千人計画」というのが始まっていました。中国に選ばれた優秀な人たち、いわゆる理系分野の超頭脳を持つ中国人たちがアメリカの大学や企業の中枢にいるわけですが、そういう人のビザの更新をしなかったり、本人をＦＢＩが捕まえたりという状況になっています。

優秀な中国人がアメリカなどへ移住し、少なくとも永住権を持っていたりするのにもかかわらず、彼らは中国共産党の軍拡に手を貸している、という現実です。アメリカでも学者として自身の研究室を持ち、高額の給料を貰いながら。ダブルインカム以上の報酬を得ているわけです。道義的にもありえません。それをもう、トランプ政権は許さないと言っているわけです。当然です、日本は何をやっているのでしょうね。

私が２０１８年、反中国共産党系メディアを見ていた限りでも、この「千人計画」に選ばれた理系の超エリートたちは相当数、捕まっています。12月1日、スタンフォード大学の物理学教授、張首晟氏が自殺というニュースが流れましたが彼は象徴的な1人でした。中国共産党からの投資金などで、丹華資本（デジタル・ホライズン・キャピタル）を創設し、アメリカの未来のスティーブ・ジョブズみたいな人たち、インキュベーションの企業にお金を投資して、自分たちで囲い込もうとする中国の戦略のフロントにいたと考えられています。

孟晩舟 ©AP/ アフロ

彼が自殺した日には、いみじくもファーウェイの創業者の娘で、ＣＦＯ(最高財務責任者)兼副会長の孟晩舟《もうばんしゅう》氏が捕まったわけです。彼らは無関係の間柄ではなかったはずで、トランプ政権による産業スパイ狩りは、相当に準備した中で果敢に進められています。

究極の選択

河添：今のうちに中国を潰しておかないと、サイバー空間の5G時代の覇権を握られてしまったら、中国共産党に世界を監視され、場合によっては各地の都市機能をアタックされたりする可能性もあります。自由と民主主義の価値観があるという前提で、アメリカが日本を含めて世界を監視するのと、言論の自由、宗教の自由、人権もない中国共産党の独裁政権に監視されるのとどちらがマシかという話なんです。

私の場合、少なくとも迷うことなく答えは決まっていますが。

それだけオバマ政権が中国に対して何もしてこなかった、中国を野放しにしていたということにもなりますが、ただオバマ大統領自身は、ファーウェイのことを「スパイ企業だ」と2012年頃から警鐘を鳴らしています。大きなうねりとして、アメリカは動きませんでした。その挙句、道徳のないモンスターが肥大化しました。

焦りもあるのでしょうけれど、今のアメリカは中国に対して荒々しく、激しく、具体的に動いています。中国政府も、だからこそアメリカと戦わなくてはいけない状況にあるわけです。それを日本の大メディアはきちんと伝えるべきですが、なぜか「ファーウェイのスマホって使いやすいよね」って類いの話に置き換えられてしまいます。

馬渕：むしろ、中国を擁護するような報道までありますね。河添さんが指摘されたことは非常に重要なことなんです。おそらくオバマ政権の途中ぐらいまででしょうか、アメリカのディープステートは、中国を自分たちの利益に適《かな》う形に育ててきました。

ところが、繰り返しになりますけれど、今は中国側がその育ての親を裏切るようになってきたという状況です。ご指摘になった「千人計画」にしろ、中国側が越えてはいけない一線を越えてしまったということではないかと。

第44代バラク・オバマ

ですから、中国を育ててきたディープステートも、トランプとペンスのコンビも、もちろんですが、アメリカが超党派でアメリカの主要な利害関係者の意思として、中国のサイバー空間における覇権、すなわち5Gの覇権を認めないということがはっきりしたんだと思うんですね。

河添：アメリカ在住のユダヤ系大富豪ジョージ・ソロス氏による、2019年1月下旬のダボス会議（世界経済フォーラムの年次会合）の演説内容も相当にインパクトがありました。「今夜、私はこの時間を、開かれた社会の存続を脅かすこれまでにない危険について、世界に警告するために使いたいと思う」と切り出して、5Gの導入が進んでいく中、ファーウェイやZTE（中興通訊）などが欧米社会に広がることへの懸念を力説しました。同時に、「先端技術を用いた監視体制を支配する習近平主席は、自由社会にとってもっとも危険な敵だ」と名指しで非難したんです。

ジョージ・ソロス

前年の演説でも、「抑圧的な政権と、フェイスブックやグーグルなど、世界規模のIT企業が組み合わさることで、開かれた社会を凌駕するアドバンテージを与えることになる」と危惧を表明していましたが、もっと過激になりました（笑）。

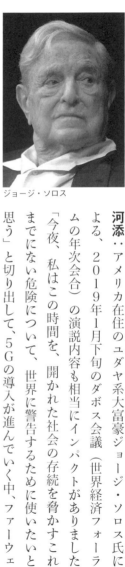

ソロス氏は、トランプ政権が正しい方向に進んでいると評価する一方で、「中国に対し、さらに強硬な姿勢を取るべき」「目下の貿易戦争も中国のみに標的を絞るべき」と主張しています。

ご存知の通り、グローバリストのお爺さんですが、習近平一派を「敵」とみなしていることは明白です。

馬渕：ディープステートも、結局は同じような監視社会を創ろうとしていますが、中国とは別の発想で、それを目指しているわけだから、中国のやり方は認めるわけにはいかない。いってしまえば、これはマフィアの内輪揉めみたいなものですよ（笑）。

中国共産党の思想のベースに中華思想があるかどうかはわかりませんけれど、彼らが好きなように世界を支配すべく監視社会を創っていこうとしている。その世界を創造することにディープステートが了承するわけがありませんね。

先ほど河添さんは微妙な言い方をされたけれども、いずれにしても、もう日本も監視社会になっていて、それがこれから一層強化された場合、中共の支配下の監視社会と、ディープステートの支配下の監視社会のどちらがいいのか、どっちがより悪が少ないかの選択しかないのです、今のところはね。

ハルマゲドンのきっかけは東アジア!?

馬渕：唯一の希望は、トランプ政権が中共の監視社会は好ましくないから潰そうとしているし、一方でディープステートによる監視社会も好ましくないから最終的には潰さなければならないと密かに考えていることです。今はまだ隠された戦略ですけど、そこの考え方の違いが、トランプと反トランプ勢力のディープステートとの最終的な戦いにつながっていくんだろうと思います。

そして、その戦いでもしトランプ勢力が負ければアメリカは一種の内乱になりますよ。いえ、アメリカが内乱になるだけじゃなくて、世界が私の言う「ハルマゲドン」になる危険性もあります。それはまったく夢物語というかとんでもない話ではなくて、私がユダヤ系フランス人のジャック・アタリと共に名前を出すもう1人のキーマン、ズビグニュー・ブレジンスキーが著書の『ブッシュが壊したアメリカ』（徳間書店・2007年）『孤独な帝国アメリカ——世界の支配者か、リーダーか？』（朝日新聞社・2005年）などで予言しているんですね。

「国家の評価は民主化の程度だけでなく、グローバル化の度合いによってもなされるべきである」「アメリカがグローバル化の不十分な国に介入することは正当化される」などと言っています。ブレジンスキーは、ポーランド出身のアメリカのユダヤ系政治学者で、カーター政権では国家安全保障担当大統領補佐官を務めました。2017年5月に亡くなられましたけどね。

ブレジンスキーは、オバマさんに賭けていたわけです。オバマ政権の間に世界をグローバル

ズビグニュー・ブレジンスキー

化する、彼らの主導のもとに中共も含めて世界のグローバル市場化を達成するというのが、少なくともブレジンスキーの考えていたことで、おそらくディープステートもそう考えていた。

ところがそれが実現できなかった。じゃあどうするのか？　もう彼らの代理人をいくらアメリカ大統領にしても、その大統領の力で世界を平和裏に統一することはできません。

ということは、その先をブレジンスキー本人は言ってないんですけど、答えははっきりしていて、もう戦争しかない。強圧的手段しかないということだと思うんですね。

それを受けて、２０１９年の中国がどうなるかというと、おそらく中国共産党はもうこのまま黙っていれば自壊してしまうし、外からもやられるから、何か行動を起こす可能性があります。そして、その行動が下手をするとハルマゲドンにつながるような世界的な紛争のきっかけになるかもしれない。

河添：台湾の未来はどうなるか？　という問題もありますしね。

馬渕：そうです。まさに東アジアでそうした混乱が起こる可能性が、いよいよ高まってきているという状況にあるんじゃないでしょうか。

日本はすでにテロ攻撃を受けている

河添：ドローンに生物化学兵器をくっつけるとか、近年はいろいろな攻撃方法があります。5Ｇ空間含めてですが、そうなると恐ろしいことに、新しいタイプのテロも出てきますよね。それをトランプ政権のみならず、世界中が警戒しているはずです。

馬渕：世界は新しい脅威に対して危機意識を持っていますが、それに対して一番無感覚というか、危機感がないのが日本ですよ。しかし、日本はもうすでにやられています。テロの前哨戦みたいなものが、いろいろと起こっているでしょ。実際はあれ、全部テロだと思うんですよ。たとえば、最近、鉄道の停電は多すぎますね。そんなに頻繁に起こらなかったことが、起きています。ということは、これは明らかにテロによるものです。身近でそういうことが起きていても、日本人の頭の中は〝お花畑〟で、自国にはテロなんて関係がないように思っているわけですよ。

河添：きっと停電を起こしてから、どれほどの時間で日本の鉄道は復旧するかとか、そういうのを試しているっていうことですよね？

馬渕：ええ、試しているんです。

河添：私も、あれはわざと誰かが起こしているんだと思っていました。

馬渕：たとえば日本の警察の動員力、それから自衛隊の部隊がどのように動くかとか。まだ自衛隊が動くまでは至っていませんが。そういったことをいろいろ試しているんだと思います。だからこそ、国民がそれぞれの立場でさまざまなことを想定して自衛するっていうことが今、重要なんですよね。

河添：でも、日本人の多くは……トホホです。

馬渕：現行憲法のもとでは、日本は先に一発お見舞いされるというか、相手から何かしらの攻撃をされてからでないと何も行動ができません。その一発がもし核兵器だったら何十万人もの犠牲者が出る。でも、それがあって初めて日本は動ける。これが今の日本国憲法が想定する国防の実態です。

安倍総理はそれに警告を発している。なのに、誰も反応しない。だから「憲法を改正しなければいけない」とか、「敵地攻撃能力を持たなければいけない」とか、そういう議論をメディアどころか政治家もやろうとしません。だって自民党のポスト安倍の有力候補だって、「憲法

９条改正は今、急ぐことではない」なんて言っているんですよね。驚くべきことです。

河添：バノン氏の講演では、人民解放軍が記した『超限戦』の内容にも触れました。戦争は３つの方法――サイバー空間を含めた情報戦、経済戦、武力戦がある。西側諸国はハードウェア、すなわち武力戦の部分は制している。中国は今後、情報戦と経済戦で勝利し、世界の覇者になると書かれていると警鐘を鳴らしました。

その先兵が５Ｇ、次世代通信網です。５Ｇは４Ｇと比べて通信速度が１００倍といわれ、大容量のデータを瞬時に送配信できます。今後、消費者向けのＩｏＴ《アイオーティー》（モノのインターネット）市場が一気に拡大する見込みで、２０２０年までに、少し幅がありますが、その数が２００億台から１０００億台に達するとの予測もあります。それに伴い、サイバー攻撃のターゲットが、パソコンからＩｏＴへ移行するという話です。

そのような中、スマートカー（無人運転車）についても、「走る凶器だ」と危惧する声があります。遠隔操作されて暴走するかもしれないし、崖から突き落とされるかもしれません。大統領など政府要人を乗せた車は、敵国から恰好のターゲットになりそうです。

もっと身近には、ＩｏＴのケトルだって武器になりますよ。携帯電話のアプリからＷｉＦｉ《ワイファイ》でケトルへ侵入して、メールアドレスやパスワードなど個人情報を抜き取るのみならず、そのケトルを空焚《からだ》きさせて火事を起こすことも不可能でないからです。

つまり、ＩｏＴが強力な暗殺方法であり武器として使われます。発電所に大容量の電流を流すことで、インフラを麻痺《まひ》させることもできるのです。

とすれば、５Ｇを制した国家、企業が軍事的に圧倒的な支配力を持ちます。バノン氏は「５Ｇはニューコンセプト。サイバー空間が武器化する、プルトニウムになる！」と警鐘を鳴らしていました。その講演会には、大臣含め国会議員もたくさん参加していましたが、無反応というか〝ポカーン〟でしたよ。悲しいですね。

「日米露の鉄の三角関係」に期待

馬渕：私は、監視社会っていうのは治安面の監視からお金の支払いなどを含め、人間一人ひとりの全行動を完璧に把握することを目的としている、ということだと思うんです。それはご承知のように、著名なイギリスの作家ジョージ・オーウェルが『１９８４年』という小説で予言していることなんですね。

いずれビッグ・ブラザー、すなわちこの作品に登場する独裁者のような人物が、すべてを監視する世界ができると。今はもうその一歩手前まできているんです。問題はそれを中共がやるのか、ディープステートがやるのかっていう選択ですね。繰り返しになりますけど、我々にとってはどちらもありがたくない。

河添：ご免こうむりたいです。

馬渕：だから、結論がちょっと飛躍するんですが、私はトランプさんと安倍さんとプーチン大統領に頑張ってもらって、中共とディープステートの世界制覇を抑えていただく必要があると思っています。

そうすると、日本とロシアの平和条約交渉、すなわち北方領土問題を決着させて平和条約を結ぶことが実に重要になってきて、それによって中共の今の覇権追求に対して、上と下の両方から包囲網を作ることができる。しかもそれにアメリカが入ったら、常々私が申し上げている「日米露の鉄の三角関係」になるんですね。この鉄の三角形で中国の暴走を抑えるということです。

それはトランプさんも同じ考えだと思いますけど、ディープステートは反トランプであり、反プーチン、反安倍なんです。そうすると、この3人に手を組まれたら困るわけですよね。だから今は三すくみという意味では、「中共」とアメリカのウォール街を中心とする「ディープステート」と、トランプ・プーチン・安倍の「鉄の三角形」、この３つの勢力が牽制し合っているような状態だといえます。

ところが、日米露の鉄の三角形はまだ顕在化していないんですね。むしろ世界のメディアは、米露が対立していると強調している。安倍さんはだいぶ国内的に足を引っ張られていると、こういう風に印象操作しています。日露が仲良くなれば、アメリカが日本に不信感を持ち、日米の緊密な関係が破壊される——ディープステートはメディアを利用して、そういう印象を世界に与えたがっているわけです。

重要なことは、本当に今、選択しなければならないことは何か、それに我々は立ち返らないといけません。つまり日本に限定して言うならば、日本の国益にとってはどういう選択がベストなのかと。ディープステートの支配か中共の支配か、それとも日米露の鉄の三角形か——それを我々は選ばなくてはなりません。

河添：「鉄の三角形」が可能なら、ちょっとワクワクしますよね！

馬渕：ただ、それをさせじとする勢力が強いからね。本当に切った張ったっていうか、世界を救えるかどうかの話。その渦中に安倍総理がおられるというのは、日本にとって本当に幸いなことです。日米露の鉄の三角関係ができてこそ、ディープステートや中国の横暴を抑えることができる。これがハルマゲドン……という言い方はちょっと大袈裟《おおげさ》だけど（笑）、世界的な大混乱や第三次世界大戦を防ぐ方法だと思っているんです。

もしそれができなければ、こういう悲観的なことを言うのはよくないけれど、世界は第三次世界大戦級の大混乱に陥るかもしれません。今や、その危機はもうすぐそこまで来ているんです。

2019年にすべき精神武装

馬渕：2019年の選択は我々にとって大変なものになる。それぐらいの問題意識を我々が持たないと、この1年を乗り切れるかどうかわかりませんね。それから序章でもお話ししましたが、ソ連崩壊までの「72年説」をとれば、まさに2021年がいよいよ中国共産党の運命が明らかになるというか、むしろ消える運命になります。

それは半分、期待を込めて申し上げているんですが、決して数字合わせではなくて、現に中共は行き詰っているわけですね。経済的にも、いろいろな評論家が言っていることを踏まえても、そうだと思いますし。中共が2018年のGDPを発表したようですが、6・6％成長だって（笑）。

河添：嘘ですよ（笑）。

馬渕：統計１つとってもそうですし、彼らの言う日中友好なんて嘘八百であることを見抜いて我々は対処しなくてはならない。もうすでに遅いんですが、２０１９年の我々のいわゆる精神武装でなければならない。そういう気持ちが強くなりますね。

河添：そんな中で、日本は御代替《みよがわ》りをしました。このたびは、昭和から平成に替わった時とは違い、少しお祭り気分が入っていましたが。

馬渕：これをきっかけに、大きく国民の意識、マインドがよい方向に変わる可能性がありますが、逆に危険もあります。皇室のあり方、そのものも変わってしまう危険があるということです。

我々は今、外からの危険と内からの危険の２つの危険に直面している。これは日本にとっては、大変国難な問題なのです。我々はそれを認識しなくてはなりません。

すでにスタートボタンが押されたというか、号令は鳴っていますから、もう引き返せません。そうすると今の状況下で、より悪の少ないものを選ぶという作業に、政治家だけでなく、国民も一緒になって参加していかなければなりません。そういう岐路に立たされている気がしてなりません。

河添：おっしゃる通りだと思います。だからこそ国民は安っぽい情報に惑わされず、世界を俯瞰して正しい知識を持ち、自分の判断力を養っていくことが重要ですね。そして、その基礎として、「世界の秩序は、ロシア革命からおよそ100年の歴史の流れの中にあった」ということをきちんと認識しておく必要がありますね。

馬渕：大地殻変動というか世界の構造転換が今、進行していますが、それが起こるというのは、20世紀のいわゆる世界秩序がこれから変わろうとしていることを意味します。形の上では21世紀に入っていますが、本当の意味での21世紀はまだ始まっておらず、20世紀のしがらみが続いています。2019年から2021年の間に、本当の意味での21世紀の幕が開けると、希望的観測を含めてここでお伝えしておきましょう。

それこそトランプ流に言えば、「我々ファースト」の21世紀を始めなくてはなりません。20世紀は「彼らファースト」、ようするに大富豪の世紀でした。まったく矛盾するようですが、大富豪が革命の、そして戦争の背後にいました。そういう世紀から、我々の世紀、まさに「ピープルの世紀」を取り戻すことができるかどうかが、いよいよ問われている。そういう時だと思います。

現在、水面下でさまざまなことが起こっていますが、令和《れいわ》元年の2019年は、それが次々と顕在化していくことになります。安倍内閣の任期はあと2年以上ありますが、この激動の時期に国運をかけて頑張ってほしいと願っています。

河添：ジャパン・ファーストだけでなく、日本精神が世界のスタンダードになること。難しいですがそんな夢も見たいですね！

おわりに

馬渕睦夫大使の、外交官としてのキャリアは素晴らしい！　の一言です。イギリス、インド、ソビエト連邦、米ニューヨーク、イスラエル、タイ、キューバ、ウクライナなどで大使館職員、公使そして大使を務めていらっしゃいます。超大国から小国、島国まで、そして資本主義国家のみならず東西冷戦時代の共産主義国家でもキャリアを積まれました。

日本国を代表するお立場から当該国の中枢と接し、世界から日本国と日本人について考察し、世界の中枢に見え隠れする〝深い闇〟まで見つめられていた、そんな40数年だったのではないかと推測します。

一方の私は、中国留学中から日本や世界を俯瞰してみるようになり、ノンフィクション作家の肩書で、90年代前半よりアジア諸国や旧東欧諸国を取材する機会に恵まれ、1999年から事実上2010年までは、小中学校・家族・地域を取材して各国の図鑑にまとめる学研のプロジェクトで、年8カ国以上、飛び回っていました。

学校は国家の縮図であり、その国の未来を予測する場であることに気づき、また、西側ヨーロッパで起きていた「移民・難民問題」や、オーストラリアやカナダなど英連邦の一部地域で進んでいた「中国自治区化」に注目し、レポートを発表し続けてきました。

そしていつしか、国家というのは体制や国境、民族構成すら変わる〝時代の生き物〟だと考えるようになり、と同時に、世界を動かすごく少数の〝権力者〟への強い興味がわき、英語や中国語の文献・資料を読み漁るようになっていました。

このように、いちモノ書きとして世界をボトムアップで体感してきた私と、外交官として立派なキャリアをお持ちの馬渕大使とは、立場も年齢も大きく異なります。それなのに、共産主義のリアルな恐ろしさ、世界は誰が動かしているのかなどで話は盛り上がり、世界が今まさに大転換期にあること、これからの世界についてなど、考察がほぼ一致しました。

何より、対談は想像を超えたケミストリーを起こしたように感じています。読者の皆様は、どのようなご感想をお持ちでしょうか？

＊　＊　＊

最後になりましたが、馬渕大使との対談番組をお考えくださった林原チャンネルの浜田マキ子社長と高谷賢治プロデューサー、そして、この本を企画してくださったワニブックスの川本悟史編集者に心から感謝を申し上げます。

令和元年6月吉日

河添恵子

本書籍は、インターネット番組『ノンフィクション作家・河添恵子――ゲスト・馬渕睦夫氏（元駐ウクライナ兼モルドバ大使）』の回（製作：林原チャンネル）を元に、企画・構成いたしました。
番組は毎月、YouTube の「林原チャンネル」にて配信しております。ご覧いただけますと幸いです。

林原チャンネル（代表取締役社長 浜田マキ子）
YouTube　https://www.youtube.com/c/hayashibara-ch
公式サイト　http://www.hayashibara-ch.jp/

Profile

馬渕睦夫（まぶち・むつお）

元駐ウクライナ兼モルドバ大使、元防衛大学校教授、元吉備国際大学客員教授。1946年京都府生まれ。京都大学法学部3年在学中に外務公務員採用上級試験に合格し、1968年外務省入省。1971年研修先のイギリス・ケンブリッジ大学経済学部卒業。2000年駐キューバ大使、2005年駐ウクライナ兼モルドバ大使。退官後、防衛大学校教授（2008年〜2011年）及び吉備国際大学客員教授（2014年〜2018年）。著書に、『世界を操る支配者の正体』（講談社）、『国難の正体』（ビジネス社）、『2017年 世界最終戦争の正体』（宝島社）、『アメリカ大統領を操る黒幕 トランプ失脚の条件』（小学館）、『2019年 世界の真実』（ワック）、『グローバリズムを越えて自立する日本』（勉誠出版）、『知ってはいけない現代史の正体』（SB新書）など多数。ネットTV（林原チャンネル・チャンネル桜）にレギュラー出演中。

河添恵子（かわそえ・けいこ）

ノンフィクション作家、一般社団法人新しい歴史教科書をつくる会理事・女子部共同代表、一般社団法人美し国なでしこオピニオンの会顧問。1963年千葉県松戸市生まれ。名古屋市立女子短期大学卒業後、1986年より北京外国語学院、1987年より遼寧師範大学（大連）へ留学。2010年の『中国人の世界乗っ取り計画』（産経新聞出版）はAmazon〈中国〉〈社会学概論〉の2部門で半年以上、1位を記録。その他、『トランプが中国の夢を終わらせる』（ワニブックス）、『豹変した中国人がアメリカをボロボロにした』（産経新聞出版）、『世界はこれほど日本が好き　No.1親日国・ポーランドが教えてくれた「美しい日本人」』（祥伝社黄金文庫）、学研の世界の学校関連図鑑（47冊）など。報道番組でのコメンテーターとしての出演も多数。ネットTV（林原チャンネル・チャンネル桜）にレギュラー出演中。

米《べい》中《ちゅう》新《しん》冷《れい》戦《せん》の正《しょう》体《たい》
脱《だつ》中《ちゅう》国《ごく》で日《に》本《ほん》再《さい》生《せい》

2019年7月25日　初版発行

著　者　馬渕睦夫
　　　　河添恵子

装　丁　木村慎二郎
構　成　尾崎克之
編集協力　吉田渉吾
協　力　高谷賢治（林原チャンネル）
編　集　川本悟史（ワニブックス）

発行者　横内正昭
編集人　岩尾雅彦
発行所　株式会社 ワニブックス

〒150-8482
東京都渋谷区恵比寿4-4-9 えびす大黒 ビル
電話　03-5449-2711（代表）
　　　03-5449-2716（編集部）
ワニブックスHP　http://www.wani.co.jp/
WANI BOOKOUT　http://www.wanibookout.com/

印刷所　株式会社 光邦
ＤＴＰ　アクアスピリット
製本所　ナショナル製本

定価はカバーに表示してあります。

ISBN 978-4-8470-9820-8